Dagmar Kreutzer • Martin Palz

Mein eigener Weinkeller

Planen | Bauen | Lagern

Leopold Stocker Verlag

Graz – Stuttgart

Umschlaggestaltung:
DSR | Werbeagentur Rypka GmbH., 8020 Graz

Bildnachweis
Titelbild: Foto Nutz, Waidhofen/Ybbs.
Bilder im Textteil: Die Bilder wurden freundlicherweise von den Autoren zur
Verfügung gestellt.

Bibliografische Information Der Deutschen Bibliothek
Die Deutsche Bibliothek verzeichnet diese Publikation in der Deutschen Natio-
nalbibliografie; detaillierte bibliografische Daten sind im Internet unter
http://dnb.ddb.de abrufbar.

Hinweis: Dieses Buch wurde auf chlorfrei gebleichtem Papier gedruckt. Die
zum Schutz vor Verschmutzung verwendete Einschweißfolie ist aus Polyethylen
chlor- und schwefelfrei hergestellt. Diese umweltfreundliche Folie verhält sich
grundwasserneutral, ist voll recyclingfähig und verbrennt in Müllverbrennungs-
anlagen völlig ungiftig.

ISBN: 978-3-7020-1175-8
Alle Rechte der Verbreitung, auch durch Film, Funk und Fernsehen, fotomecha-
nische Wiedergabe, Tonträger jeder Art, auszugsweisen Nachdruck oder Ein-
speicherung und Rückgewinnung in Datenverarbeitungsanlagen aller Art, sind
vorbehalten.
© Copyright by Leopold Stocker Verlag, Graz 2008
Layout und Repro: Werbeagentur | Digitalstudio Rypka GmbH., 8020 Graz
Printed in Austria
Druck und Bindung: Druckerei Theiss GmbH., A-9431 St. Stefan

Inhalt

Einleitung

Wein lagern – warum?

In Bezug auf Weinwerdung ist die Lagerung die wichtigste Nebensache der Welt – sie beginnt beim Winzer und endet im Glas. Wesentliche Veränderungen im Wein passieren genau deshalb, weil Wein unter bestimmten Voraussetzungen bei definierten Bedingungen gelagert wird. Dabei ist er durchaus als etwas Lebendiges zu betrachten, das in jeder Phase seiner Entwicklung auch einer sehr bewussten Veränderung ausgesetzt ist. In einer jugendlichen Phase beginnend, baut sich der Wein im Laufe der Zeit aus, um dann in eine mehr oder weniger lange Reifephase einzutreten, die besser durch den Konsum des Weines als durch dessen Ableben beendet wird. Daraus ergeben sich für die Weinlagerung sehr viele Gründe und auch Möglichkeiten. Die für uns Konsumenten wichtigste Perspektive ist, den Wein dann zu trinken, wenn er am besten schmeckt!

Abgesehen von den unterschiedlichen Ansprüchen, die einerseits die Weinproduzenten und andererseits die Konsumenten an die Weinlagerung stellen, haben sie doch eines gemeinsam: Beide müssen den Zeitraum von der Abfüllung des Weines bis zum Verkauf bzw. zum Genuss des edlen Tropfens so überbrücken, dass von der Qualität des Weines nichts verloren geht. Obliegt dem Winzer in erster Linie die Lagerung von Wein in großen Gebinden (Holzfass, Stahltank), so kommt dem Konsumenten die Lagerung des Weines in der Flasche zu. Es gibt aber auch Weine, die bereits abgefüllt beim Winzer lagern, um eine bestimmte Flaschenreife zu erlangen.

In den folgenden Kapiteln wird auf alle Voraussetzungen und Ansprüche eingegangen, die im Zusammenhang mit der Weinlagerung von Bedeutung sind. Von den Eigenschaften eines Weines über die Lagerbe-

Weine lagern heißt: den passenden Wein zur richtigen Zeit genießen zu können!

Traditionelle (links) und moderne (rechts) Weinlagerung

Frische, fruchtige Weine
erreichen ihre optimale
Trinkreife in den ersten
beiden Jahren nach der
Füllung, kräftige Lagenweine
und Rotweine haben
Potenzial für eine Lagerung
von deutlich mehr als
drei Jahren.

dingungen bis hin zu baulichen Ansprüchen, die an die Weinlagerung gestellt werden, und die Möglichkeiten, die Sie vielleicht in Ihrem Keller bereits vorfinden.

Zuerst jedoch nur einige allgemeine Gedanken, warum Wein gelagert werden soll.

Beginnen müsste man eigentlich bereits beim Weineinkauf. Wer sich ein wenig mit Wein beschäftigt, wird bald merken, dass es durch die Anwendung unterschiedlicher Technologien und Philosophien eine breite Palette an Weinstilen gibt. Es wird längst nicht nur mehr zwischen Rot- und Weißwein unterschieden, sondern darüber hinaus zwischen reduktiv gehaltenen jungen Weinen, klassischen, ausdrucksstarken Sortenweinen, kräftigen Lagenweinen, oxidativ ausgebauten Weißweinen (Sherry), Süßweinen sowie fruchtigen jungen Roten und gehaltvollen kräftigen Rotweinen. Das sind aber nur wenige Beispiele für unterschiedliche Weinausbauten, die individuelle Lageransprüche verlangen.

Sofern nicht schon der Weinerzeuger eine gewisse Flaschenreife erzielt hat, kann der Konsument darüber entscheiden, wie lange der Wein in der Flasche – wohlgemerkt unter optimalen Bedingungen – reifen darf.

Um diese Flaschenreife auch entsprechend mitverfolgen zu können, ist es beim Weineinkauf ratsam, mehrere Flaschen vom selben Wein zu erstehen. Dies gilt vor allem für Weine mit Lagerpotenzial, die nicht zu jedem Anlass getrunken werden. Vergessen Sie bitte auch nicht darauf, sich Weine auf Vorrat anzulegen, von denen Sie jederzeit, ohne zu zögern, eine Flasche öffnen würden.

Wenn Sie größere Mengen von Wein einkaufen, so ist beim Transport des Weines bereits der Kofferraum der erste Lagerplatz. Achten Sie darauf, dass der Wein speziell im Sommer nicht zu hohen Temperaturschwankungen ausgesetzt ist, da dies die Qualität des Weines erheblich beeinträchtigt. Nach einem längeren Transport benötigt der Wein Ruhe. Durch ständiges Bewegen und Schütteln der Flasche werden sowohl Geruchs- als auch Geschmacksstoffe beeinträchtigt. Zwei bis drei Wochen Zeit sollte man dem Wein nach der Abfüllung bzw. dem Weintransport einräumen, damit er sich beruhigen kann.

Den richtigen Zeitpunkt der Füllreife eines Weines kennt der Winzer – die Flaschenreifung erfolgt sowohl am Weingut als auch im privaten Weinkeller – die Trinkreife eines Weines obliegt dem Konsumenten!

Der Weg des Weines in den eigenen Weinkeller – unvermeidbar: ein sorgsamer Transport

Optisch ansprechende Weinlagerung mit exklusivem Platzbedarf

Neben der nötigen Flaschenreife und dem Anlegen eines Weinvorrats liegen in manchen Fällen auch spekulative Gründe vor, warum Wein gelagert wird. Weine, die mit zunehmender Reife an Qualität und Güte gewinnen, werden in der Regel auch wertvoller. Vor allem französische Rotweine aus renommierten Châteaus erzielen bei Versteigerungen Höchstpreise. Gerade solche Weine widersprechen dann dem oben Gesagten, denn diese Weine werden meist nicht getrunken!

Sammelstrategien

Wein ist eines der wenigen lebendigen Lebensmittel, die mit zunehmendem Alter besser werden können. Er ist sowohl Nahrungs- als auch Genussmittel, das eine gewisse Entwicklung durchläuft und sich dabei immer wieder von einer neuen Seite zeigt. Dieser Vorgang wird auch Rei-

Sich direkt beim Winzer zu informieren, lohnt sich immer, mitunter auch in einer geselligen Weinrunde.

fungs- oder Lagerungsprozess genannt, bei dem sich Weininhaltsstoffe durch den Kontakt mit Sauerstoff verändern. Gerb-, Farb- und Aromastoffe – Primär- sowie Sekundäraromen – werden in ihrer Zusammensetzung verändert und durch neue stoffliche Verbindungen mit neuen Eigenschaften ersetzt – die so genannten Tertiäraromen. Wie schon erwähnt, ist für das Miterleben einer solchen Entwicklung eines Weines ein gewisser Weinvorrat vonnöten.

Beim Anlegen des Weinvorrats sollte man bedenken, dass bestimmte Weine einer längeren Lagerzeit bedürfen und andere Weine ihren vollen Trinkgenuss bereits in jungen Jahren entwickeln. Diese Eigenschaften lassen sich in der Regel anhand des Preises, der für die Flasche Wein bezahlt wird, ableiten, jedoch nicht ausschließlich! Während kräftige Weißweine

(Lagenweine) und schwere Rotweine erst durch die Flaschenreife eine optimale Harmonie erzeugen, ist für reduktive, fruchtbetonte Weißweine eine kürzere Lagerzeit der Flasche sicherlich von Vorteil.

Grundlage einer jeden Sammelstrategie sollte jedoch sein, den Wein dann zu genießen, wenn er seinen Trinkhöhepunkt erreicht hat. Darüber hinaus sind es oft die Winzer selbst, die Weine aus aller Herren Länder zusammentragen, um diese anschließend in sensorisch aufregenden Verkostungen mit eigenen Weinen zu vergleichen oder sogar zu messen.

Wenn Sie für Vergleichsverkostungen Weine sammeln, tun Sie dies immer zu einem konkreten Thema – Rebsorte, Boden, Gebiet, Jahrgang –, da Sie ansonsten sehr leicht den Überblick verlieren und zu viele Themen gleichzeitig mehr Verwirrung erzeugen als sie Klarheit schaffen!

Das Gesicht des Weines ist der Winzer und das Etikett – beide stärken das Erinnerungsvermögen!

Lagern Sie stets mehr Flaschen desselben Weines, er wird Ihnen bei jedem Öffnen neue Eindrücke vermitteln.

Lagerfähigkeit von Wein

Wein gehört bei den Lebensmitteln wahrscheinlich zu den lagerfähigsten Produkten. Dennoch gibt es, was die Dauer der Lagerfähigkeit von Wein betrifft, enorme Unterschiede, abhängig von der Verarbeitung des Weines, sprich von der Zusammensetzung seiner Inhaltsstoffe, ganz sicher aber auch von der Art und Weise der Lagerung. Gerade deshalb vermögen selbst Fachleute oft nicht exakt vorauszusagen, wie lange ein Wein haltbar ist. Manche Weine erhalten ihren qualitativen Höhepunkt oft über mehrere Jahre hinweg, andere Weine hingegen bauen nach Erreichung ihres Genusshöhepunktes rasch ab und verlieren ihre Frische und ihre sortentypischen Eigenschaften.

Hauptsache liegend gelagert!

Das Reifen des Weines – warum altern Weine?

Für den herkömmlichen Begriff des Alterns wird in der Weinsprache häufig auch das Wort „Reifung" verwendet. Gemeint ist in beiden Fällen die Veränderung des Weines durch Lagerung über einen gewissen Zeitraum. Wein, sofern er nicht gleich nach der Abfüllung getrunken wird, verändert sich hinsichtlich seines Aussehens und seines Aromas. Dies ist sowohl auf den Sauerstoff zurückzuführen, der durch sein hohes Bindungsbedürfnis neue Weininhaltsstoffe bildet, wie auch auf Enzyme, die wiederum durch spezifische Umsetzungsprozesse ebenfalls eine Oxidationsreaktion bewirken können. Beiden ist gemein, dass diese Reaktionen sowohl temperatur- wie auch lichtabhängig ablaufen. Einer speziellen Lagerung ist daher besondere Aufmerksamkeit zu schenken!

Weine entwickeln sich je nach Reife, Jahrgang und Herstellungsart unterschiedlich. Solange diese Entwicklung positiv verläuft, wird sie Reifung genannt, verliert der Wein an Qualität oder war er zu schwach, spricht man von Alterung. Genau zwischen Reife und Alterung befindet sich der Genusshöhepunkt, an dem der Wein seine optimale Trinkreife erreicht hat.

Vollreife Trauben sind nicht nur bei Sauvignon blanc Voraussetzung für lange Lagerfähigkeit

> **Um die Entwicklung eines Weines mitverfolgen zu können, ist es notwendig, mehrere Flaschen desselben Weines vorrätig zu haben. Auf diese Weise kann man den Verlauf der Flaschenreife sehr gut nachvollziehen und denselben Wein auf unterschiedliche Art und Weise kennen lernen.**

Faktoren der Lagerfähigkeit

Für die Lagerfähigkeit von Wein sind nicht nur die auf der „Zerstörerseite" bereits genannten Enzyme und Sauerstoffmoleküle verantwortlich. Zu einem wesentlich größeren Teil tragen die eigentlichen Weininhaltsstoffe, wie Alkohol, Säuren, Extraktstoffe insbesondere der Traubenbestandteile aus Beerenhäuten, Pulp und Traubenkernen, bei. Zusammen ergeben diese eine komplexe Struktur, welche wiederum zu individuellen, unverwechselbaren Weinen führen sollte. Immer wieder tauchen am Markt aber auch Weine auf, die alles andere als einzigartig und unverwechselbar sind – Weine, die in unvorstellbar riesigen Mengen unter homogenen Bedingungen produziert und cuvetiert werden.

Die Einzigartigkeit von Wein liegt zum einen an der Herkunft, die es nicht erlaubt, auf unterschiedlichen Böden, Lagen und Expositionen vergleichbare Weine zu produzieren, und zum anderen an der Individualität des Winzers, der wiederum mit seiner eigenen Erfahrung und Vorstellung von Qualität die Trauben zu Wein verarbeitet. Sowohl Herkunft als auch Winzer sind gleichermaßen dafür verantwortlich, welche Inhaltsstoffe in welchem Ausmaß im Wein enthalten sind.

Klassische Steinterrassen in der Wachau, die eine Stützfunktion ausüben und auch Wärmespeicher sind

Hochebene in Eppan, Südtirol, mit speziellem Klima durch die umgebenden Berge

Alkohole

Ethylalkohol (Ethanol) ist das Hauptprodukt der alkoholischen Gärung, dessen Menge vom Zuckergehalt der Trauben und vom Vergärungsgrad abhängt. Er liegt im Wein zwischen 9 und 13 %vol. (das entspricht 72–104 g/l), bringt Extrakt und Vollmundigkeit und ist in seiner Eigenschaft als Aromaträger gleichzeitig das Rückgrat eines haltbaren Produktes.

Methylalkohol (Methanol) sollte man im Wein nur in sehr geringen Mengen vorfinden (17–230 mg/l). Auch wenn dem einen oder anderen Produkt der Mythos eines überhöhten Methanolgehaltes nachgesagt wird, hängt der tatsächliche Gehalt von der Intensität des Maischekontaktes ab. Höhere Alkohole (Fuselöle) liegen ebenso nur in geringen Mengen (150–700 mg/l) vor, sind aber aufgrund ihrer Eigenschaft wesentliche Geruchs- bzw. Geschmacksträger. Glycerin als primäres Nebenprodukt der alkoholischen Gärung liegt mit ca. 5–10 g/l vor und wirkt sich positiv auf die Fülle und Harmonie eines Weines aus.

Polyphenole

Farbstoffe (Flavonoide, Anthocyane)

Bei Trauben ist die Farbe in der Beerenschale eingebettet. Durch entsprechend lange Maischestandzeit (Fermentation der gequetschten Beeren) wird ein mehr oder weniger hoher Gehalt an Farbstoffen, aber auch Gerbstoffen ausgelaugt. Rotwein beinhaltet rote und blaue pflanzliche Farbstoffe, auch Oenin genannt, die zur Gruppe der Anthocyane gehören. In 100 g Trauben liegt der Gehalt etwa bei 30–750 mg, von dem durch die Verarbeitung der Trauben lediglich 30–50 % (10–300 mg) bis

Glukose

Glykolyse

Pyruvat

$H^{\oplus}$ Pyruvat-decarboxylase

CO_2

Acetaldehyd

NADH+H$^{\oplus}$ Alkohol-dehydrogenase

NAD$^{\oplus}$

Ethanol

Vereinfachte Darstellung der alkoholischen Gärung – vom Traubenmost zum Wein

in den Wein gelangen. Anthocyane sind licht- und temperaturempfind-
lich, weshalb bei der Lagerung darauf zu achten ist, dass konstant niedrige Temperaturen und Dunkelheit herrschen. Durch Reifung und Alterung kommt es zu einer Farbveränderung, die, bedingt durch Oxidation,
von Hochfärbig über Orange bis zu Braun führt. Anthocyane haben darüber hinaus auch gesundheitsfördernde, so genannte antioxidative Wirkung, die sogar um ein Vielfaches über der von Vitamin C und Vitamin E
liegen kann. Im menschlichen Körper binden Anthocyane freie Radikale
und verlangsamen dadurch die Zelloxidation. Das vermindert die Fett-
ablagerungen (Plaques) in den Blutgefäßen und beugt der Arteriosk-
rose und somit schweren Herz- und Kreislauferkrankungen vor.

Vollreife Zweigelttrauben...

*... ergeben einen kräfti-
gen, tiefdunklen Rotwein!*

Jungendlich, reduktiv   *gereift*   *hochfärbig, oxidiert*

Gerbstoffe (Phenole)

Auch als Tannine oder Gerbsäuren bekannt, sind organische Substanzen, die einen herben, leicht bitteren Geschmack erzeugen. Sie sind auch wesentlich dafür verantwortlich, wie lange ein Wein lagerfähig ist. Da Gerbstoffe aus den Beerenhäuten, den Traubenstielen und den Kernen stammen, ist die Verarbeitung für die Höhe des Phenolgehaltes ausschlaggebend. Weißweine enthalten etwa 200–300 mg/l, Rotweine bis zu 1.000 mg/l Gesamtphenole. Ein hoher Gehalt an Phenolen wirkt sich insofern positiv auf die Haltbarkeit und die Lagerfähigkeit des Weines aus, da die komplexe Struktur von Polyphenolen durch Sauerstoff wesentlich schwieriger zu zerstören ist als bei leichten Weinen.

Geruchs- und Geschmacksstoffe (Aroma)

Geruchs-, Bukett-, Duft- und Geschmacksstoffe im Wein sind überwiegend flüchtige organische Verbindungen, die in nur sehr geringen Mengen vorliegen. Sortenbedingt unterschiedlich, entstehen bei der Assimilation bzw. der Reife viele Komponenten (Primäraromen), die sich in weiterer Folge mit anderen Inhaltsstoffen verbinden: Fruchtester (Carbonsäure – Alkohol), Aldehyde, Fuselölverbindungen (höhere Alkohole) und anderes.

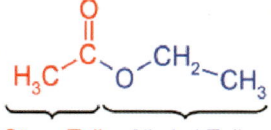

Ester sind aromaintensive Verbindungen

Es werden ca. 800 verschiedene Substanzen im Wein unterschieden, die originär sowohl in den Beerenschalen wie auch im Fruchtfleisch vorkommen. Die so genannten Terpene, die anfänglich an Zucker gebunden sind, werden erst im Laufe der Gärung freigesetzt und damit aromawirksam (Sekundäraromen). Während der Lagerung verändern sie sich durch Sauerstoffeinfluss und Enzymwirkung abermals zu so genannten Tertiäraromen. Der Gesamtgehalt der im Wein enthaltenen Aromastoffe beträgt dennoch nicht mehr als 0,8–1,2 g/l, wobei ca. die Hälfte aus Fuselölen besteht (siehe Kap. Alkohole).

Vitamine

In Wein findet man eine Reihe von lebenswichtigen Vitaminen, Mineralstoffen und für den Stoffwechsel unbedingt notwendigen Spurenelementen. Die wichtigsten im Wein vorkommenden Vitamine kommen aus der Vitamin B- und C-Gruppe und wirken positiv auf das Nervensystem, beeinflussen die Drüsenfunktionen und die Muskelspannung und greifen regulierend in den Zuckerhaushalt des Blutes ein. Vitamin C darf in Form von L-(+)-Ascorbinsäure (E 300) dem Wein als Antioxidationsmittel zugesetzt werden. Derartige Weine entwickeln in den ersten Monaten nach der Füllung zwar eine sehr positive Frische, verändern sich bei längerer Lagerung aber eher ins Negative. Dabei gilt die Ascorbinsäure als Verursacherin des UTA (Untypischer Alterungston).

L-Ascorbinsäure (Vitamin C)

Versuchen Sie nicht, den täglichen Bedarf an Vitaminen in Form von Wein zu sich zu nehmen!

Strukturformel der Weinsäure (oben)
Strukturformel der Apfelsäure (unten)

Säuren

Eine ganze Reihe von Säuren bestimmt letztendlich den Geschmack eines Weines mit. Weinsäure und Apfelsäure sind die mengenmäßig bestimmenden Säuren, wobei es in „reifen Jahren" zu einem deutlichen Weinsäureüberhang kommt. In sehr reifen Trauben findet man überdies mehr Zitronensäure als in unreifen. Durchläuft der Wein einen biologischen Säureabbau, entsteht aus Apfelsäure im Verhältnis 2:1 Milchsäure, die wiederum dem Wein einen milden, vollen Geschmack verleiht. Der Gehalt an Kohlensäure gibt darüber Aufschluss, ob es sich um einen reduktiven jungen Wein oder um einen Wein älteren Semesters handelt. Auf die Haltbarkeit wirkt sich ein hoher Gehalt an Apfelsäure eher negativ aus, da sich die Apfelsäure im Zuge der Lagerung wesentlich stärker verändert als Milch- und Weinsäure. Dazu bietet die Apfelsäure den Mikroorganismen optimale Nahrungsvoraussetzungen, was wiederum zu instabileren Weinen führt.

Kohlenhydrate (Zucker)

Die Hauptzuckerelemente im Most sind Traubenzucker (Glucose) und Fruchtzucker (Fructose), die in dieser Reihung durch die Hefe zu Ethanol, CO_2 und Wärme umgewandelt werden (Alkoholische Gärung). Der Grad der Vergärung bestimmt den Gehalt des reduzierenden Zuckers im Wein (Restzucker). Ein verbleibender Zuckerrest kann auch von der Arabinose – einem natürlich vorkommenden, unvergärbaren Einfachzucker – herrühren.

> **Der Restzuckergehalt in Gramm pro Liter zählt, wie der Alkoholgehalt und das Nennvolumen, zu den verpflichtenden Angaben auf einem Etikett und wird unter anderem in Italien auch in Volumenprozent (%vol.) angegeben und als potenzieller Alkohol bezeichnet.**

Weine, die aufgrund einer Gärungsunterbrechung einen erhöhten Wert an Restsüße aufweisen (über 15 g/l), sind besonders gefährdet, eine „Nachgärung" durchzumachen. Sie sind aufgrund des Zuckergehaltes zwar sehr lagerfähig, sollten aber von Zeit zu Zeit kontrolliert werden.

Wasser

Der tägliche Wasserkonsum von 2 bis 3 Litern sollte zum Wein getrunken werden, nicht in Form von Wein!

80–85 % des Mengenanteiles von Wein bestehen aus Wasser, das für die Pflanze lebensgrundlegende Voraussetzungen schafft. Wasser ist Lösungsmittel und Transporter für Nährstoffe, vergleichbar mit der Funktion des menschlichen Blutkreislaufes.

Extraktstoffe

Extraktstoffe sind nicht flüchtige Bestandteile, deren Gehalt von vielen Faktoren abhängig ist. Hauptbestandteile sind Glycerin, Zucker, nicht flüchtige Säuren, Mineralstoffe, Eiweiß, Gerbstoffe, Metalle und vieles mehr. Es gibt zwar keinen gesetzlichen Mindestextraktgehalt mehr, dennoch sollte der Wein deutlich über 20 g/l zuckerfreien Extrakt (Gesamtextrakt minus Zuckerrest) aufweisen.

Metalle

Die Spurenelemente Eisen, Kalium, Calcium, Natrium, Magnesium, Mangan, Kupfer, Zink und andere kommen im Wein in so günstigen Mengen vor, dass sie eine wertvolle Versorgungsfunktion erfüllen und vom gesundheitlichen Standpunkt aus gesehen unbedenklich sind!

Mineralstoffe (Asche)

Von den Beerenhäuten herrührend, ist der Gehalt an Mineralstoffen (Asche) in den Weinen sehr unterschiedlich (2–3 g/l). Vorwiegend sind es Salze von bereits genannten Säuren: Tartrate (Weinsäure), Phosphate (Phosphorsäure), Malate (Apfelsäure) und andere Mineralstoffe. Den Hauptbestandteil der Asche im Wein stellt mit 650–950 mg/l das Kalium dar. Durch den Weinsteinausfall (Kaliumhydrogentartrat) wird der anfänglich um ca. 1.000 mg höhere Gehalt deutlich vermindert.

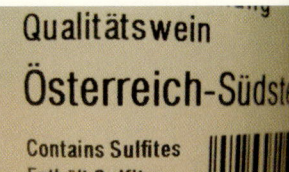

Kennzeichnungspflicht gemäß EU-Allergenrichtlinie für alle Lebensmittel, die allergene Stoffe beinhalten.

Sulfitgehalt

Der Gehalt an Schwefel im Wein nimmt wesentlichen Einfluss auf die Haltbarkeit. Die Salze und Ester der schwefeligen Säure (H_2SO_3), auch Sulfite genannt, gehören zwar nicht zu den originären Weininhaltsstoffen, werden aber im Zuge der Vinifikation durch gezielte Zugabe von Schwefeldioxid (SO_2) gebildet, um eine gewisse Reduktivität und Haltbarkeit zu bewirken. Die Eigenschaft des eingesetzten Schwefels zielt auf die Bindung von Sauerstoff (O_2) und die Unterbindung mikrobieller und enzymatischer Aktivität ab. Die dadurch verhinderte Oxidation – ähnlich dem Braunwerden eines Apfels nach dem Anbiss – führt zu einer wesentlich längeren Haltbarkeit der Frische und Lebendigkeit eines Weines.

Ein Wein ohne Gehalt an Sulfiten ist zwar möglich, allerdings nicht erstrebenswert.

Verschlusssysteme

Die Lagerfähigkeit von Wein wird nicht unwesentlich durch die Verwendung bestimmter Flaschenverschlüsse beeinflusst. Längst vorbei ist die Zeit, in der ausschließlich Kronenkorken, Naturkorken und Korkverarbeitungsprodukte das Geschehen beherrschten. Momentan befinden wir uns gerade in einer Art Aufbruchstimmung. Naturkork, Agglomeratkork (Presskork), Scheibenkork, Kunststoffstopfen, Drehverschluss und Glasverschluss

Naturkorke – Länge als Symbol für Wertigkeit

Agglomerate (Presskork) – auch qualitativ die billigere Variante

1-, 2- Scheibenkork – der Versuch, sich zu bessern

Kunststoffstopfen – Farbe als optischer Aufputz

sind die Systeme, denen man heute begegnet. Jedes von ihnen findet in bestimmten Bereichen berechtigte Anwendung. Für den Winzer bleibt nur zu entscheiden, welchen optischen Auftritt er will, und vor allem, welche Voraussetzungen der abzufüllende Wein mitzubringen hat. Den Konsumenten hingegen interessiert lediglich, wie sich der Verschluss auf die Lagerungsdauer und die Art der Lagerung auswirkt. Verschlüsse lassen mehr oder weniger Sauerstoff durch, so dass der Wein reift und, nachdem die schwefelige Säure abgebunden ist, entweder zu Sherry bzw. Essig aufoxidiert oder beim Vorhandensein von Restsüße eine Nachgärung vollzieht.

Naturkorken bringen zwar ein gewohntes Bild der Reifung, aber auch die Gefahr des Korkgeschmackes (2,4,6 Trichloranisol (TCA)) und undichter Flaschen – „Rinner" – mit sich. Gute Naturkorken garantieren eine sehr lange Haltbarkeit, sollten aber nach 25 bis 30 Jahren bei gleichzeitigem Auffüllen und Nachschwefeln dennoch ausgetauscht bzw. umgekorkt werden. Die Länge des Naturkorkens, die von 38 mm bis über 60 mm betragen kann, spielt für die Haltbarkeit des Weines nur eine geringe Rolle. Sehr häufig werden Korken über 48 mm nicht eingesetzt, und wenn, dann hauptsächlich aus optischen Gründen und als Symbol der Wertigkeit eines Weines – die Haltbarkeit wird dadurch nicht verlängert!

Press- oder **Agglomeratkorken**, aber auch **Scheibenkorken** sind nur bedingt zum Verschließen von Flaschen geeignet und kommen auch nur bei bestimmten Qualitäten zum Einsatz. Sie bestehen aus den Resten der Naturkorkherstellung sowie Leim oder Bindemitteln und sind somit auch nur für sehr kurze Lagerung geeignet. Scheibenkorken gibt es auf der Basis von Natur- oder Agglomeratkorken mit zwei bis vier Korkscheiben.

Kunststoffstopfen sind für kurze Lagerung bestens geeignet, zumal sie gegenüber Naturkorken den großen Vorteil besitzen, bei ähnlicher Optik geschmacklich neutral zu sein. Stopfen gibt es in fast jeder Farbe und Länge und können so zum Teil der Aufmachung werden. Kunststoff wird allerdings mit der Zeit spröde, und das unabhängig davon, ob der Verschluss Kontakt mit Wein hat oder nicht, was zu einer etwas ungewöhnlichen Reifung führt. Verkostungen von Rotweinen mit Kunststoffstopfen haben nach mehrjähriger Lagerung deutlich bessere Ergebnisse gezeigt als vergleichsweise Weißweine.

Kronenkorken gibt es nach wie vor hauptsächlich bei Literflaschen und Piccolo (0,2 lit.). Aufgrund der guten Lagereigenschaft im Gegensatz zur hohen Rostanfälligkeit findet der aus rostfreiem Edelstahl gefertigte Kronenkorken beispielsweise bei Perlweinen häufig Anwendung.

Während man beim **Glasverschluss** die Lager- und Reifungseigenschaften noch nicht erschöpfend testen konnte, man aber davon ausgeht, dass sie dem **Drehverschluss** nahe kommen, findet dieser vermehrt Verwendung. 1924 von ALCOA eingeführt, wird der gasdichte MCA 28 (28 mm x 15,5 mm) seit den Siebzigerjahren auch für Wein verwendet.

Der große Durchbruch auch im Qualitätsweinsegment gelang allerdings erst mit dem Stelcup 30 x 60 (30 mm x 60 mm), dessen optischer Eindruck und auch die Lagereigenschaften einiges erwarten lassen. Der für die Dichtheit ausschlaggebende Teil ist ein beschichtetes Dichtungsblättchen, das durch den Drehverschluss angepresst wird. Dieses Blättchen ist eine mit Saran (Polivinylidenchlorid), Aluminium oder Zinn überzogene Scheibe, die vorerst lose im Verschluss liegt und durch den Anpressdruck für eine lange Lagerungsdauer bestens geeignet ist. Mit Drehverschluss verschlossene Weine sind meist sehr reduktiv beim Öffnen und benötigen nach dem Öffnen daher mehr Zeit, um den Geschmack richtig zu entfalten.

MCA 28, Stelcup, Vinolok – Verschlüsse im Wandel der Zeit

Herkunftsprinzip

Auf die Frage, wie lange denn Weine bestimmter Herkunft haltbar sind, kann festgehalten werden, dass generell die Lagerfähigkeit von Wein weniger von der Herkunft des Weines als von der Art der Weinbereitung abhängt. Es gibt im Weinbereich das Herkunftsprinzip, wonach alle Weine gemäß der genauen geographischen Einheit, zumindest aber des Herkunftslandes, in dem die Reben wachsen und die Trauben gereift sind, zu kennzeichnen sind. In Österreich wird sowohl bei den Weißweinen als auch bei den Rotweinen zwischen klassischem Weinausbau und Lagen- oder Riedenweinen differenziert.

Selektiver Ausbau einzelner Weinbergslagen (Riede)

Streng nach dem Gesetz müsste für den klassischen Ausbau am Rückenetikett bzw. außerhalb des Sichtbereiches, in dem die weinrelevanten Daten angebracht sind, eine Erklärung zur Art des klassischen Ausbaus angebracht sein. Bei den Weißen sind es meist trockene Weine, die betont fruchtig schmecken, sehr reduktiv sind und keinen weiteren Vinifikationseinflüssen, wie einer Barriquelagerung oder einem biologischen Säureabbau (BSA), ausgesetzt waren. Bei Rotweinen kann es vorkommen, dass ein BSA in Kombination mit einer Barriquelagerung erfolgt ist, von der sensorisch allerdings nur sehr wenig bis gar nichts spürbar ist. Die Trauben für diese Weine können aus verschiedenen Weingärten innerhalb einer Gemeinde, einer Großlage oder eines Weinbaugebietes stammen.

Klassischer Weinausbau aus mehreren Lagen

Rieden- oder Lagenweine hingegen wurden aus Trauben erzeugt, die in einem ganz bestimmten Weingarten auf einer genau definierten Fläche (Riede, Lage) unter speziellen Einflüssen (Sonneneinstrahlung, Höhenlage) und besonderen Gegebenheiten (Boden) gewachsen sind. Das Besondere an diesen Weinen ist die Einzigartigkeit und Rarität, in der sie hergestellt werden. Vielfach werden Lagenweine in kleinen (Barriques) oder großen (ab 600 l.) Holzfässern gelagert, um die Haltbarkeit des Weines durch den spürbaren Einfluss des Eichenholzes (Tannin) zu verlängern, aber auch, um dem Wein mehr Komplexität zu verleihen. Den biologischen Säureabbau, der durch die Reduktion von Äpfelsäure zu Milchsäure noch zusätzliche Fülle liefert, findet man im Weißwein am ehesten noch bei Burgundersorten, im Rotwein dagegen generell.

Klassische 225 l- bzw. 300 l-Barriquefässer, zumeist aus französischer Eiche

Die Renaissance der großen Holzfässer, gute Sauerstoffdurchdringung bei mäßiger Auslaugung

Terroir – Gegend

Der aus dem Französischen stammende Begriff „Terroir" zählt ohne Zweifel zu den am meisten strapazierten Wörtern des Weinvokabulars. Er beschreibt den Eindruck des Weines aufgrund seiner Herkunft und des dortigen Zusammenspiels zwischen (Mikro-)Klima, Geologie (Boden), Topographie (Lage) und Bodenbeschaffenheit. Nacht- und Tagestemperaturen, Niederschlagsverteilung, Sonnenschein-Stunden, Hangneigung und Bodendurchlässigkeit sind Faktoren, die neben dem Einfluss der Kulturtechnik den Charakter eines Weines bestimmen. Dabei ist Terroir etwas, das sich weder exakt in Zahlen noch in sensorischen Eindrücken definieren lässt, sondern vielmehr ein Sammelbegriff, der für die Typizität und Zuordnung eines Weines zu einer bestimmten Herkunft steht. „Terroirweine" zählen zu den ausdrucksstärksten und haltbarsten Weinen überhaupt.

Mächtiger Muschelkalkboden am Zieregg, Steiermark – prägt die Charakteristik des Weines!

Der richtige Wein zum richtigen Anlass

Nicht nur aus der Sicht des Winzers ist es praktisch, immer mehrere verschiedene Weine im Keller zu haben, sowohl klassische wie auch Lagenweine, Rotweine, Rosé und Weißweine. Dabei sollte man berücksichtigen, dass klassische Weine relativ rasch ihren Trinkhöhepunkt erreichen und in jungen Jahren am besten schmecken. Lagenweine hingegen brauchen – sofern der Winzer nicht schon einen Teil der Flaschenreife bei sich im Keller durchgeführt hat – einige Jahre, bis sie ihren Trinkhöhepunkt erreicht haben, wobei man es durchaus so halten kann, dass es weniger tragisch ist, einen Wein vor seinem Genusshöhepunkt zu öffnen als nachher!

Achten Sie speziell beim Weineinkauf darauf, dass Klassikweine nicht zu spät und Lagenweine nicht zu früh geöffnet werden sollten!

Welcher Wein kredenzt werden soll, hängt natürlich auch davon ab, ob der Wein als Aperitif, als Speisenbegleiter oder als Hauptattraktion fungieren soll. Mithilfe eines gut sortierten Weinkellers liegt bestimmt für jeden Anlass, zu jeder Speise und vor allem zur richtigen Stimmung der passende Wein parat.

Weineinkauf

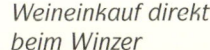

Weineinkauf direkt beim Winzer

Wie das Genießen ist auch der Einkauf von Wein eine von Emotionen begleitete Angelegenheit. Haben Sie einmal die Entscheidung für einen bestimmten Weinstil getroffen, gibt es hunderte Weine aus den unterschiedlichsten Gebieten und Ländern. Dazu kommt, dass der Verkauf von Wein nicht mehr ausschließlich beim Winzer oder in der Vinothek liegt, sondern zunehmend über den Fachhandel und Lebensmitteleinzelhandel abgewickelt wird. Damit fällt eine Emotion, nämlich die Bindung zum Winzer, weg, und der Umstand der Aufmachung (Etikettierung, Kapsel) tritt stärker in Erscheinung.

Wann ist die richtige Zeit zum Weineinkauf?

In einer Erhebung über das Weinkaufverhalten in Märkten des Lebensmittelhandels hat das Institut für Werbewissenschaften der Wirtschaftsuniversität Wien festgestellt, dass die Kaufentscheidung sehr kurzfristig und spontan fällt. Knapp die Hälfte der Befragten benötigt maximal zwei Minuten, um den Wein ihrer Wahl in Händen zu halten. Abgesehen von der Auswahl, erfolgt der Weinkauf meist sehr kurz vor dem Weingenuss, was bedeutet, dass der Wein anlassbezogen und somit trinkreif im Regal stehen sollte. Das ist eine sehr bequeme, aber zugleich teure Art des Weineinkaufs. Auch wenn sie wenig Kapitalbindung und Lagerkapazität bedeutet, wird sie vor allem in der einfachen Gastronomie gerne gewählt.

Überlegt man sich dabei eigentlich, welcher Genuss einem entgeht, wenn man die Möglichkeit des Weineinkaufs direkt beim Winzer ungenützt verstreichen lässt? Die Begegnung mit den Menschen, die die Natur so pflegen, dass sie uns Weinkonsumenten Schönheit, Erholung und trotzdem ein Gefühl von Gediegenheit vermittelt.

Wenn man direkt beim Winzer kauft, hat man natürlich auch die Möglichkeit, etwas über die Entstehung und den Charakter des Weines zu erfahren. Solche „Fachsimpeleien" führen oft zu freundschaftlichen Bindungen zwischen Produzent und Konsument, so dass schon mancher „seinen Winzer" gefunden hat.

(von oben nach unten)

Austrieb der Reben im Frühjahr (April)

Rebblüten im Sommer(Juni)

Nebelstimmung im Herbst (Oktober)

Zeit der Ruhe, Winter (Jänner)

Lagerbedingungen

Wein ist eines der wenigen lebendigen Nahrungs- und Genussmittel, das zu seiner Entwicklung einen Reife- und Lagerungsprozess benötigt. Bei unterschiedlichen Bedingungen altern Weine auch unterschiedlich.

Wenn Sie einige Faktoren beachten, können Sie Ihren Weingenuss wesentlich steigern. Richtig gelagerte Weine halten länger und reifen besser.

Viele der strengen Kellerregeln stammen jedoch noch aus früherer Zeit. Die meisten Weine sind aufgrund der heutigen Fortschritte in Weinberg und Kellerei gegenüber Umwelteinflüssen wesentlich unempfindlicher als noch vor 20 Jahren. Vieles darf heute ruhig etwas lockerer gesehen werden. So ist eine erfolgreiche Lagerung und Reifung von Wein weniger kompliziert, als so mancher Weinfreund zunächst vielleicht annimmt.

Temperatur

Von allen Klimafaktoren ist die Lufttemperatur für das Lagern besonders wichtig. Bei niedrigen Temperaturen laufen die biologischen und chemischen Reaktionen langsamer ab, der Reifeprozess wird verzögert und die Schimmelbildung an Flaschen und Wänden eingeschränkt. Im Idealfall sollte die Weinlagerstätte eine konstant niedrige Raumtemperatur zwischen 8–12 °C aufweisen, Weißweine 8–10 °C, Rotweine 10–12 °C. Eine Lagertemperatur von 15 °C sollte nicht überschritten werden, da bei Temperaturen von 20 °C und darüber thermolabile Inhaltsstoffe (z. B. Eiweiß) ausfallen und zur Trübung führen können. Zu tiefe Temperaturen (unter 5 °C) führen bei instabilen Weinen gleich und bei längerer Lagerung bei allen Weinen zur Ausscheidung von Kristallen (Weinstein und anderes) – so genannte „Depotbildung". Entscheidend ist

Besonders Wein, der länger aufgehoben werden soll, braucht richtige Lagerbedingungen.

*Konstant niedrige Lager-
temperaturen bremsen
die Weinentwicklung*

jedoch, dass die Kellertemperatur während der gesamten Lagerzeit so konstant wie möglich bleibt und vor allem während des Jahres keine größeren Schwankungsbreiten als 4 °C auftreten. Kellerräume, die große Temperaturschwankungen aufweisen – im Winter deutlich unter 10 °C, im Sommer aber über 20 °C –, sind für den Reifeverlauf und Qualitätszustand der Weine langfristig immer kritisch. Temperaturschwankungen beeinflussen nämlich den Stoffwechsel von Frischvorräten negativ.

Der Wein verkraftet auch langsame Abweichungen von Idealtemperaturwerten über einen längeren Zeitraum besser als heftige Temperaturschwankungen.

> **Wenn sich ein Keller langsam von 12 °C im Winter auf 20 °C im Sommer erwärmt, passiert dem Wein nicht viel. Probleme treten auf, wenn die Temperatur jeden Tag oder jede Woche stark schwankt.**

Der Wein dehnt sich in der Flasche aus und zieht sich wieder zusammen, der Korken leidet, und schließlich beginnt der Wein um den Korken zu „weinen" und hinterlässt eine klebrige Ablagerung um die Kapsel. Außerdem altert er so schnell, dass er seinen qualitativen Höhepunkt gar nicht erst erreicht. Besonders Weißweine verlieren ihre erwünschte Frische.

> **Grundsätzlich gilt: Niedrige Temperaturen verzögern eine Ausreifung des Weines in der Flasche. Höhere Temperaturen hingegen beschleunigen den Reifevorgang durch eine verstärkte Aktivierung der Mikroorganismen im Wein.**

Bevor Sie einen Keller einrichten, sollten Sie mit einem Thermometer Messungen an verschiedenen Punkten vornehmen und sich dazu Notizen machen. Gewisse Ecken werden wärmer oder kühler sein als andere. Verhindern oder beheben Sie die Ursache dieser Temperaturschwankungen. Umwickeln Sie beispielsweise Warmwasserrohre mit Dämmmaterialien und vermeiden Sie kalte Zugluft. Dichten Sie Wände, Decken und Türen zu beheizten Bereichen des Hauses mit einfachen Dämmplatten ab. Diese Maßnahme hält den Kellerraum etwa 2–4 °C kühler.

Eine weitere Möglichkeit wäre es, ein Kühlaggregat zu installieren.

> **Während der heißen Monate gezielt lüften! Nutzen Sie die kühle Nachtluft und versuchen Sie, warme Außenluft am Tag vom Keller fern zu halten. Türen und Fenster möglichst geschlossen halten!**

Temperaturschwankungen durch Außenluft können sich, zeitlich verschoben, auch in tiefer liegenden Kellern bemerkbar machen.
Früher standen vor den Eingängen zu Weinkellern oft Lauben als Klimapuffer. Die Weinhecke mit ihrem Laubdach sorgte für kühlere Temperaturen.

Achtung: Ändert sich die Temperatur im Lagerraum, ändert sich auch die relative Luftfeuchtigkeit. Es kann zu Kondenswasserbildung kommen!

Luftfeuchtigkeit

Im Idealfall beträgt die relative Luftfeuchtigkeit mehr als 50 %. Ist die Luftfeuchtigkeit zu niedrig, können Korken austrocknen und undicht werden. Dadurch wird der Zutritt von Luft und somit von Sauerstoff ermöglicht. Der Wein oxidiert, verfärbt sich goldbraun, bekommt den be-

Sie können die Luftfeuchtigkeit erhöhen, indem Sie den Boden mit einer Kiesschicht bedecken und diese wässern oder flache Schalen mit Wasser aufstellen.

Korkschimmel durch zu hohe Luftfeuchte

rühmten Sherry- oder Firnton und „bricht" schließlich. Auch Essigbakterien können bei einem ausgetrockneten Korken bis zum Wein vordringen und ihn ebenfalls ungenießbar machen.

Ein weitaus größeres Problem ist zu hohe Luftfeuchtigkeit. Dadurch kommt es zu Sporenbildung oder sogar zu einer unerwünschten Schimmelbildung auf den Korken. Dieser Schimmelpilz kann mit der Zeit durch den Korken wachsen und verleiht dem Wein dann den gefürchteten Korkgeschmack. Ein solcher Wein ist nicht mehr trinkbar. Außerdem besteht die Gefahr, dass sich die Etiketten von den Flaschen lösen. Letzteres passiert bereits bei einer Luftfeuchtigkeit über 35 %. Bei der Lagerung im Originalkarton ist ebenfalls darauf Bedacht zu nehmen, dass die Stabilität der Kartonagen bei hoher Luftfeuchtigkeit sehr stark herabgesetzt wird und höhere Stapel durch das Aufweichen und Einknicken eines un-

Rechzeitig Etiketten mittels eines Gummibandes sichern.

teren Kartons zum Kippen neigen. Besonders Kartonagen unterschiedlicher Formate weisen am Stapel eine sehr hohe Instabilität auf. Die Gefahr des Einknickens ist vor allem dann besonders groß, wenn Kartone aus dem Kühllager des Weinbauern oder der Vinothek kommen und bei hohen Temperaturen – was im Sommer nicht zu verhindern ist – transportiert werden. Dabei entsteht kondensierende Feuchtigkeit an der Glaswand der Flasche, was nicht nur das Etikett lösen und zerstören kann, sondern in weiterer Folge auch zu Schimmelbildung und zum Aufweichen des Kartons führt. Generell sollten Weine nur vorübergehend im Karton lagern, weil weder die Übersichtlichkeit noch die nötige Ruhe für den Wein gegeben ist, da häufigeres Umschichten fast unumgänglich ist. Darüber hinaus besitzen Kartonagen ihre völlige Stabilität nur dann, wenn sie auch mit Flaschen gefüllt sind.

Nur kurzfristige Zwischenlagerung in Originalkartons!

Kontrolle der Luftfeuchte mittels Hygrometer

... nur als Zwischenlagerung gedacht ...

Mit einem Entfeuchtungsgerät lässt sich zu hohe Luftfeuchtigkeit entziehen. Es verursacht jedoch Kosten – sowohl in der Anschaffung als auch im Betrieb. Bei kleinen Kellerräumen reichen oft schon Maßnahmen wie eine Entwässerung, eine bessere Be- und Entlüftung sowie eine Versiegelung von Feuchtigkeitsquellen, wie zum Beispiel sehr feuchten Wänden. Die Messung mit dem Hygrometer verschafft Klarheit!

Sauberkeit und Fremdgerüche

Bevor Sie Wein in Ihrem Keller lagern, sollten Sie diesen möglichst gründlich säubern. Verwenden Sie am besten ein geruchloses Desinfektionsmittel, um Schimmel, Insekten und andere Organismen abzutöten. Bei alten Kellern empfiehlt es sich, die Wände mit Kalkfarbe zu streichen.

Wein atmet und nimmt dadurch intensive Gerüche auf. Fremdgerüche, wie Heizöl, Motoröl, Benzin, Waschmittel, Farbe, Gemüse oder Fäulnis, stellen ein Problem für die Lagerung von Flaschenweinen dar. Diese intensiven Gerüche können dazu führen, dass der Wein im Laufe der Jahre durch die Porosität des Korkens eine untypische Geruchs- und Geschmacksnote annimmt oder sogar ungenießbar wird. Auch Pilze und sonstige Erreger können durch andere Lebensmittel übertragen werden.

Eine gute und ausreichende Luftzirkulation ist jedoch für jedes Weinlager wichtig. Sie verhindert Modergerüche und Fäulnis. Durch mangelnde Luftbewegung kann sich nämlich Schimmel bilden.

Weinkeller nicht in unmittelbarer Nähe zu Garage, Heizraum, Waschküche oder Gemüsekeller einrichten.

Schimmelbildung trotz Sanierung durch zu geringe Luftzirkulation

Maximale Sauberkeit in historischem Gewölbekeller

Licht

So reizvoll und praktisch es sein mag, Weinflaschen dekorativ im Esszimmer oder in der Küche zur Schau zu stellen, man sollte sie dennoch lieber im Dunkeln aufbewahren. Das bekommt dem Wein besser. Problemstellen sind vor allem Fenster, Lichtschächte und Ventilatoren.

Achten Sie besonders darauf, dass kein UV-Licht in den Keller eindringt.

Sinn- und effektvoller Einsatz indirekter Beleuchtung

Besonders empfindlich sind Weiß- und Schaumweine in hellen Flaschen. Die direkte Sonneneinstrahlung erwärmt den Wein und lässt ihn schneller altern. Der Wein verliert an Qualität. Natürlich benötigen Sie künstliches Licht zur Benutzung des Kellers. Es sollte jedoch nicht zu hell sein und nie länger als nötig eingeschaltet werden.

Bei sehr alten und empfindlichen Weinen sollte man auch über eine zusätzliche Abdeckung (z. B. eine alte Decke) nachdenken.

Wein liebt das Licht erst, wenn er ins Glas kommt!

Weinflaschen sind entsprechend ihrer Glasfarbe unterschiedlich UV-Licht durchlässig. Sehr dunkle Flaschen, besonders braune Flaschen, bieten den höchsten UV-Schutz.

Wählen Sie Ihren Wein dennoch nach Ihrem Geschmack aus und nicht nur nach der Farbe der Flasche, die bestenfalls verkaufspsychologische Aspekte verfolgt.

Braune Flasche – bester UV-Schutz

Grüne Flasche – schöne Optik, mittlerer UV-Schutz

Weiße Flasche – kein UV-Schutz

Neigungswinkel

Ob man Wein liegend oder stehend lagert, hängt in erster Linie vom Verschlusssystem ab. Es ist aber durchaus möglich, dass sogar auf dem Flaschenetikett angegeben wird, wie der jeweilige Wein optimalerweise zu lagern ist. So gesehen auf einer Flasche Vinho Verde DOC aus dem Norden Portugals. Weine, die mit einem Naturkorken verschlossen wurden, sind immer liegend zu lagern. Der Korken muss von Wein umspült sein, damit er seine Elastizität bewahren und den Flaschenkopf gut abdichten kann. Ein schädlicher Sauerstoffzutritt wird dadurch vermieden, und nur die Oxidation mit dem vorhandenen Sauerstoff ermöglicht eine Reifung des Weines, die erwünscht und notwendig ist.

Konkrete Empfehlung zur stehenden Lagerung

Flaschen mit einem Kronenkorken, Schraub- oder Glasverschluss können auch stehend gelagert werden. Gegen die Verwendung solcher Verschlüsse spricht, dass durch den fehlenden Luftaustausch die oft notwendige Flaschenreife nicht im gewünschten Umfang möglich ist. Dafür spricht jedoch, dass Frische und Jugendlichkeit eines Weines länger erhalten bleiben.

Einige Sammler bringen ihre Regale so an, dass sie ganz sanft nach hinten geneigt sind. Dadurch bilden sich Depots am Boden der Flaschen, und der Korken bleibt trotzdem noch feucht. Die Etiketten sollen nach oben zeigen, damit sie leicht lesbar sind und sich das Depot an der Rückseite der Flasche ablagert.

Transport und Erschütterungen

Bevor Sie Ihren Wein im eigenen Weinkeller sachgemäß lagern können, müssen Sie ihn erst einmal transportieren. Dabei ist wesentlich – vor allem bei Weinreisen im Sommer, auf denen Sie sich reichlich mit Wein eindecken –, dass die Temperatur des Weines nie zu hoch ansteigt.

> **Wenn Sie mit Ihrem Weineinkauf nach Hause kommen, sollten Sie den Wein im Keller unbedingt einige Tage ruhig liegen lassen, bevor Sie ihn konsumieren.**

Durch das Rütteln und Schütteln beim Transport zerfällt der Wein und muss seine innere Stabilität erst wieder finden. Das betrifft weniger die jüngeren, fruchtigen Weine. Vor allem ältere, reife Weine mit Depot verlieren vorübergehend an Qualität.

Ständige Vibrationen durch Straßenverkehr, unter dem Haus verlaufende U-Bahn-Linien, Eisenbahnverkehr, schwere Maschinen, sowie Vibrationen von Haushaltsmaschinen lassen Wein nie zur Ruhe kommen, so dass er sich nie in Bestform präsentieren kann. Gestelle schützen die Flaschen ein wenig davor.

Ordnung und Zugänglichkeit

Für den Wein ist es nicht förderlich, wenn man ihn bei der Suche nach einer anderen Flasche im Keller allzu oft anfasst, bewegt und umpackt.

Sobald Wein eingelagert ist, sollte er ruhen können. Vermeiden Sie es daher, Weine zu bewegen, um an andere Flaschen heranzukommen. Jeder Wein sollte leicht zu finden sein. Verwenden Sie Aufkleber und/oder ein Kellerbuch.

Organisation und Kellerbuch

Jeder Besitzer eines Weinlagers sollte bemüht sein, bei seinen Weinflaschen Ordnung zu halten. Eine übersichtliche, systematische Lagereinteilung ist sehr zu empfehlen. Entweder man teilt sein Weinlager nach Weinqualitäten, Sorten und Jahrgängen ein oder, entsprechend der Herkunft der Weine, nach Ländern und Anbaugebieten.

> **Nach Möglichkeit sollte dabei die natürliche Thermik eines Weinkellers ausgenützt werden, indem die Rotweine im oberen Regalbereich und die Weiß- und Roséweine im unteren Bereich gelagert werden.**

Schön – schwer zu finden ohne Anhänger

Kennzeichnungsmöglichkeiten durch Aufkleber, abwaschbare Anhänger, Nummerierung der Fächer

Wichtig für eine übersichtliche Lagereinteilung ist auch ein sinnvolles System zur Etikettierung von Regalen und Flaschen. Die genaue Bezeichnung des Lagerortes ist deshalb so wichtig, damit man jede einzelne Flasche schnell und sicher finden kann, ohne jedes Mal den gesamten Kellerbestand durchwühlen zu müssen.

Wer es mit seinen Weinen besonders gut meint, kann auch den Flaschenboden mit einem selbstklebenden Etikett versehen. Beim Aufbewahren von Wein in Holzkisten sollte die Seite mit Weinnamen und Jahrgang sichtbar sein.

Zu jedem ordentlichen Weinkeller gehört ein gut geführtes Kellerbuch. Neben der Erfassung der wichtigsten Weindaten – Name, Erzeuger, Jahrgang – sind der Bestand der Flaschen, der Zeitpunkt der optimalen Reife, das Kaufdatum, die Bezugsquelle sowie der Kaufpreis, aber auch Datum und Anlass der Konsumation von Interesse. Außerdem sollte ausreichend Platz für Degustationsnotizen vorhanden sein. Mit einem Kellerbuch, in dem man gekauften und konsumierten Wein eintragen kann, lässt sich die „Bewegung" im Keller genau zurückverfolgen.

Vinothek

Die Firma „Ideal Software" bietet unter dem Namen „Vinothek" eine elektronische Warenwirtschaftslösung an. Die Vinothek ist eine branchenspezifische Artikelverwaltung für Weine. Mit ihr können alle weinspezifischen Angaben, von der Region über die Qualitätsklasse bis hin zum Ursprungszertifikat, erfasst und ausgewertet werden. In Kombination mit der Lagerverwaltung ist eine flaschengenaue Lagerortzuordnung möglich. Ergänzend stehen bereits viele Weinregionen mit Landkarten zur Verfügung, die durch den Anwender genutzt werden können. Die Einbindung und Darstellung von Etiketten und eine Bewertung durch Verkostung nach dem internationalen 20-Punkte-Schema ergänzen diese Branchenlösung. Die Vinothek ist für den Weinhandel genauso interessant wie für die gehobene Gastronomie oder den privaten Weinliebhaber. Für Gastronomie und Weinliebhaber steht eine auf die Weinverwaltung reduzierte und preislich attraktive Version des FAKTMAN zur Verfügung.

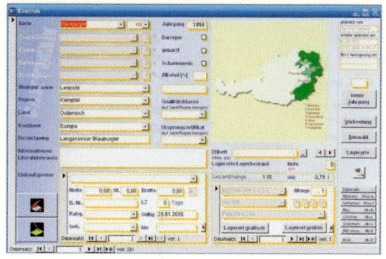

Weingeographische Darstellung schafft Übersichtlichkeit

WinWein

Die intuitive Benutzerführung macht „WinWein" zu einer Weinsoftware, die auch für noch „Software unerfahrene Weinfreunde" geeignet ist und den Einstieg in die interessante Welt des Weines erleichtert. Die grafische Bedienoberfläche ermöglicht einfaches „Sortieren" und die „Bearbeitung" Ihrer Weindaten über detaillierte Registerkarten (Stammdaten, Lagersowie Bewertungsdaten, Notizen, Kellerbuch und Speisen). Eine komfortable „Mausbedienung" sowie das Auslösen aller Programmfunktionen zusätzlich über „Hotkeys" lässt Sie zum Beispiel das Etikett Ihres Lieblings-Weines mit nur einem Mausklick importieren. Ebenso können Sie die Unterschreitung Ihres festgelegten Mindestbestandes pro Wein anzeigen lassen. Die Basisdaten der Weine (Name, Weinart, Land, Jahrgang, Erzeuger etc.) sind für die Datenbank so genannte Stammdaten. Das Programm erwartet hier als einziges Pflichtfeld nur den Namen des anzulegenden Weins. Eine sinnvolle Erfassung sollte sich aber an den Feldern der zahlreichen Sortierungsmöglichkeiten sowie an der idealen Trinkreife orientieren. Neben ausreichend Raum für weitere Notizen zu jedem Wein kann auch eine Internetseite, die eventuell weitere ergänzende Informationen zu Ihrem Wein enthält, eingegeben und von dort direkt aufgerufen werden.

Mit der Möglichkeit, Etiketten hinzuzufügen, bekommt Ihr Wein auch gleich ein Gesicht.

Weinsave

Der Eidgenössische Wirtschaftsinformatiker und Weingenießer Roland Wäfler hat ein sehr umfangreiches Programm entwickelt, das von der Kellerverwaltung über ein Degustationsjournal bis hin zu einer Stammdatenverwaltung, die neue Eintragungen erleichtert und entsprechende Auswertungen ermöglicht, reicht. Dieses System ermöglicht Ihnen, ebenso Bilder zum jeweiligen Wein abzulegen, egal ob Etiketten, Traubensorten, Herkunftsgebiete, Produzenten oder Fotos der Verkostungsrunde, mit der Sie den Wein genossen haben. Neben den über 100 Fotos und 700 Landkarten, die im Programm selbst abgespeichert sind, werden die wichtigsten Bildformate wie BMP, JPG, GIF, TIF und PCX unterstützt. Zusätzliche Funktionen ermöglichen es, Jahrgangsbewertungen abzufragen, in einem Weinlexikon nachzuschlagen, Wein sehr einfach nachzubestellen oder konkret einen Wein zum Essen zu empfehlen, was auch aufgrund Ihrer persönlichen Verkostungsnotizen erfolgen kann.

Durch die Verwendung eines speziellen Scanners können Strichcodes gelesen und so Zeit gespart werden!

Eine besonders praktische Anwendung ist die Möglichkeit mit Strichcodes zu arbeiten. Mit einem passenden Scanner können auf Flaschen/Etiketten bereits vorhandene Codes eingelesen, aber auch neue Codes vergeben werden. Einmal registrierte Weine (via Strichcode) können dann, vor allem beim Herausnehmen einer Flasche aus dem Lager, einfach ausgebucht werden. Mit einem mobilen Rechner (Handheld, Palm, Laptop …) kombiniert, ermöglicht das eine sehr einfache Verwaltung des Lagerbestandes und Ihrer Weindaten, die sie unkompliziert und bei jeder Gelegenheit im Weinkeller oder bei Verkostungen aktualisieren können.

Vinefine

Das Besondere an dieser Software ist die Kompatibilität mit dem größten deutschen Weinportal, Wein-Plus.de. Damit ist gewährleistet, dass eine beachtliche Anzahl von deutschen und internationalen Weinen inklusive relevanter Daten und Kommentare direkt in das eigene Verwaltungsprogramm geladen werden kann. Diese und auch selbst eingetragene Daten können nach mehreren Kriterien sortiert und in entsprechenden Druckvorlagen auch zu Papier gebracht werden. Die Eingabe von Weinneuzugängen wird insofern erleichtert, als die meisten Weinbauländer und Regionen ebenso wie Rebsorten bereits gespeichert und nur mehr auszuwählen sind. Neben entsprechenden Filterfunktionen gibt es zur besseren Orientierung auch die Möglichkeit, die Trinkreife der Weine graphisch und damit wesentlich übersichtlicher darzustellen. Wer sich aus dem eigenen Weinkeller eine Verkostungsliste generieren möchte, kann dies in der aktuellen Version der Weinverwaltung mit allen weinrelevanten Daten tun.

Das verkürzt die Vorbereitungszeit für eine interessante Weinprobe enorm!

VitisVinifera

Als Datenbankprogramm verfügt diese Weinkeller- und Degustationsverwaltung über eine detaillierte, dennoch übersichtlich dargestellte Benutzeroberfläche. Interessant, vor allem für sehr wertvolle Weine, ist die Möglichkeit der Eingabe des Marktpreises, dessen Entwicklung über ein Chart oder eine Tabelle sehr transparent dargestellt werden kann. Die detaillierte Beurteilung – Auge, Nase, Geschmack, Potenzial – nach dem 20-, 100- oder einem frei definierten Punkteschema sowie die Eingabe der optimalen Trinkreife sind ebenso praktisch wie bereits vorgegebene Rebsorten, Anbaugebiete, Lagen und Klassifizierung. Die eingegebenen Daten können dann in Listenform nach selbst definierten Sortierkriterien ausgedruckt werden, wie auch als Weinstammdatenblatt auf nur ein Produkt bezogen.

> Detaillierte Weinbeurteilungen inklusive Bewertungsergebnis nach dem 20- oder 100-Punkte-Schema können dokumentiert werden.

Wine XT

An alle Apple-User richtet sich diese Weinsoftware. Entwickelt für Macintosh, ist sie Weinkellersoftware und Degustationsverwaltung zugleich. Klare Darstellung und gewohnt hohe Benutzungsflexibilität machen das Arbeiten mit dem Programm angenehm und einfach. Beachtenswert ist die Verfügbarkeit der Anwendung in mehreren Sprachen, einschließlich Japanisch, sowie die Darstellung kleiner Symbole zur besseren Übersichtlichkeit. Zur schnelleren Eingabe und Weiterverwendung von Daten wird, wie schon bei Weinsave.ch, die Verwendung von Barcodes und Vinotē Tags unterstützt.

Digital Cave

Viele der Weinverwaltungsprogramme haben ähnliche Funktionen. Das eigene Weinlager (virtueller Keller) naturgetreu auf dem PC grafisch nachzubilden, ist definitiv etwas Neues. Zunächst wird die Einrichtung (Fenster, Türen, Wände, Regale, Weinkisten) erfasst, wobei mehrere Regalformen zur Auswahl stehen und nachträgliche Änderungen oder Anpassungen problemlos möglich sind. In den virtuellen Keller können dann Weine, die sich in Ihrer Datenbank befinden, einfach an die gewünschte Stelle gelegt, verschoben oder wieder entnommen werden. Informationen über den verfügbaren Lagerstand oder den Wert Ihres Kellers werden vom Programm automatisch geliefert. Die Bewegungen, die dadurch in Ihrem Weinlager stattfinden, werden in Listen protokolliert und können zur besseren Übersichtlichkeit ausgedruckt oder als Datenpaket exportiert werden.

> Die Option, den eigenen Weinkeller virtuell nachzubauen, lässt Sie stets den Überblick behalten. Er macht allerdings nur dann Sinn, wenn Sie auch jede Bewegung dokumentieren!

WeinWare

Ein sehr umfangreiches Warenwirtschaftssystem, das weit über die Anforderungen und Bedürfnisse einer privaten Weinverwaltung hinausgeht.
Funktionen wie das Erstellen von Mailings, detaillierte Auswertungen
nach Kunden, Lieferanten und Artikeln, sind in erster Linie für Wein-
handlungen und Weinagenturen hilfreich.

Von sehr vielen Softwareanbietern werden Demoversionen ebenso wie
Shareware über die entsprechende Homepage zu Testzwecken zur Verfügung gestellt. Diese Möglichkeit sollten Sie nutzen, um das entsprechende, für Ihre Bedürfnisse angepasste Programm in weiterer Folge zu
erwerben. Die Fülle des Angebotes lässt kaum Wünsche offen, und wenn
doch, findet sich der eine oder andere Anbieter, der sein Programm bestimmt auf Ihre besonderen individuellen Wünsche anpasst. Weitere Anbieter von Softwarelösungen finden Sie praktischerweise über die Inter-
netkontakte im Anhang.

Das traditionelle Weinkellerbuch

Während jetzt eine Reihe von Softwarelösungen angeboten wird, hat das
handschriftliche Exemplar eines Weinkellerbuches einiges an Stil und
Tradition zu bieten. Es sind keine zusätzlichen technischen Einrichtun-
gen notwendig, um es stets aktuell oder parat zu halten, und die hand-
schriftlichen Eintragungen haben einen wesentlich höheren emotionalen
Gehalt.

Sie können Ihr Weinkellerbuch ganz einfach mit einem gebundenen
Block oder als loses Ordnersystem selbst gestalten oder auch auf Vor-
drucke aus dem Buchfachhandel zurückgreifen. Ein besonders originel-
les Exemplar ist uns von Dr. Olaf Müller-Soppart untergekommen, das
nach einer Vorlage von 1898 angefertigt wurde.

Bauphysik

Feuchtigkeitsschäden und ihre Ursachen

Wasser ist der häufigste Verursacher von Bauschäden. Feuchtigkeits-schäden treten durch Regen oder Grundwasser auf, wobei das Wasser hier von außen ins Gebäude eindringt. Wasser in gasförmiger Form geht als Dampf im Normalfall den umgekehrten Weg.

Feuchtigkeitsschäden treten besonders – aber nicht ausschließlich – bei alten Gebäuden vermehrt auf. Die häufigsten Problemstellen sind schadhafte Dachentwässerungen, befestigte Hofflächen, Gefälle zu Kel-lergebäuden, seitlich drückendes Hangwasser, Risse in der Fassade, auf-steigende Feuchtigkeit und Baufeuchte.

Oft sind die Verursacher von Feuchtigkeitsschäden schnell gefunden. Regenrinnen und Abflussrohre können manchmal Löcher aufweisen, oder ihre Auslässe sind direkt zur Kellerwand hin gerichtet. Eine feuchte Kel-lermauer kann aber auch eine neue Hofbefestigung als Ursache haben. Regen- und andere Oberflächenwässer versickern nicht mehr langsam im Boden wie vorher, sondern rinnen schneller von der befestigten Flä-che ab. In manchen Fällen neigt sich das Gelände leicht – oft mit freiem Auge nicht sichtbar – Richtung Keller.

Großflächigere Flecken an den Kellerwänden deuten meist auf seitlich drückendes Hangwasser hin. Liegt das Kellergebäude im Gelände, ist das Mauerwerk den abfließenden Niederschlägen ausgesetzt. Die Mauer saugt dann je nach Material und Konstruktion die Feuchtigkeit auf. Über kleinste Hohlräume, so genannte Kapillaren, wird die Feuchtigkeit dann im Mauerwerk weitertransportiert.

So wenig Feuchtigkeit wie möglich an das Gebäude heranlassen!

Regen- und Oberflächenwasser vom Mauerwerk wegleiten

Abhilfe schaffen hier nur eine Abdichtung der Mauer von außen und eine Drainage, die dafür sorgt, dass das Wasser rings um die Fundamente möglichst schnell wieder abfließen kann. Dazu eignen sich mit Einschränkungen Zementschlämme, Anstriche auf Bitumenbasis oder Folien aus Kunststoff oder Bitumen. Besonders ökologisch sind diese Materialien zwar nicht, allerdings passen sie sich den Bewegungen von altem Mauerwerk besser an als starre Zementschlämme.

Will man den Kellerboden oder die Grundmauern vor aufsteigender Feuchtigkeit schützen, muss eine horizontale Isolierung im Mauerwerk eingebracht werden.

Historische Bauwerke sind oft zusätzlich mit Luftkanälen um die Fundamente ausgestattet, um auftretende Feuchtigkeit zu entsorgen.

> Eine Abdichtung von innen, beispielsweise mit Sanierputz, lässt die Wand meist nur oberflächlich trocken erscheinen. Die Feuchtigkeit steigt weiter nach oben, bis sie eine Fläche findet, an der sie verdunsten kann. Im schlimmsten Fall im darüber liegenden Wohnbereich.

Drainage: im Gefälle verlegte Entwässerung des Bodens

Außenisolation: Bitumenanstrich mit einer darüber liegenden Schaumstoffdämmung

Früher blieb der Kellerboden unversiegelt. So drang zwar Feuchtigkeit ein, doch diese war durchaus erwünscht, um Obst und Gemüse gut lagern zu können. Damit die Feuchtigkeit nicht bis ins Erdgeschoss aufstieg, wurden hohe Sockel gemauert. Die Kellerdecke lag also über dem Erdreich, wie beispielsweise beim Erzherzog-Johann-Haus.

Einerseits war genügend Verdunstungsfläche als Wandfläche vorhanden, andererseits wurden die Keller durch offene Fensterschächte ständig belüftet. Später führte man horizontale Abdichtungen in die Außenmauern ein. Der Kellerboden blieb aber zunächst weiter offen und somit feucht. In weiterer Folge wurden die Keller ausgebaut. Man verwendete dichte Materialien für Wände und Putze und baute dicht schließende Fenster ein. Die Verdunstung funktionierte nicht mehr, und Feuchtigkeitsschäden häuften sich.

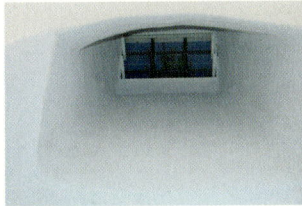

Kellerfenster zum Lüften nutzen!

Feuchtigkeit im Gebäude kann aber noch eine andere Ursache haben – nämlich die Baufeuchte. So ist in einem Massivbau nach der Bauphase immer noch ein hohes Maß an Feuchtigkeit aus dem Anmachwasser der Baustoffe (wie Beton, Mörtel, Estrich und Putz) vorhanden, die erst nach einiger Zeit abtrocknet. Bei Ziegel dauert das etwa ein Jahr, bei Beton bis zu drei Jahren.

Schimmel und seine Entstehung

Schimmelpilze sind niedere Pflanzen. Sie stellen geringe Ansprüche an ihre Umwelt. Da sie keine Photosynthese durchführen können, beschränkt sich ihre Nahrungsaufnahme auf organisches Material.

Schwarzer Kellerschimmel (Cladosporium cellarii) ist geruchsneutral, optisch aber meist ein Problem

Gute Wachstumsbedingungen finden Schimmelpilze in leicht saurer Umgebung (pH-Werte zwischen 4,5–6,5). Sie gedeihen bei Temperaturen zwischen 0–40 °C. Licht oder Dunkelheit haben kaum einen Einfluss auf das Wachstum. Ein wichtiger Wachstumsfaktor ist jedoch Wasser. Meistens reicht eine relative Luftfeuchtigkeit von 80–85 % am befallenen Material aus, um das Wachstum eines Schimmelpilzes in Gang zu bringen. Soll der Schimmelpilz wirkungsvoll und dauerhaft bekämpft werden, reicht keine Oberflächenkosmetik mit Soda, Kalk oder Essig. Seine Lebensbedingungen müssen zerstört werden!

Schimmelbildung an der Wand gehört zu den größten Problemen im Keller

Ursachen für Schimmelbildung sind ungenügende Lüftung, Kältebrücken und schlecht sorptionsfähige Materialien wie Beton, Stein, Metall oder Glas.

Hat sich im Keller bereits Schimmel gebildet, muss dieser zuallererst entfernt werden (Essigessenz oder Sodalösung). Die betroffenen Stellen sollten dann mit Kalk oder Mineralfarbe gestrichen werden, weil in einem solchen Klima der Pilz schlecht gedeiht.

Vermeiden lässt sich Schimmelbildung durch klimatische Trennung der Räume, Verwendung von sorptionsfähigen Materialien und ausreichend Dämmung, Entfeuchten der Kellerluft und natürlich Lüften.

Kondensierende Feuchtigkeit

Die Beherrschung der Luftfeuchtigkeit macht bei Kellern oft große Probleme. Das kann damit zusammenhängen, dass der Mensch kein Sinnesorgan hat, mit dem er Luftfeuchtigkeit messen kann. Es wird nur extreme Trockenheit oder sehr hohe Feuchtigkeit wahrgenommen. Wenn man Wasserdampf jedoch schon sieht, dann handelt es sich bereits nicht mehr um Luftfeuchtigkeit, sondern schon um kondensierte kleine Wassertröpfchen.

Schimmelpilze zerstören teilweise auch den Untergrund, wie hier Ziegel

Luft kann bei einer bestimmten Temperatur nur eine ganz bestimmte Menge an Feuchtigkeit aufnehmen. Man bezeichnet dies als absolute Luftfeuchtigkeit.

In den seltensten Fällen enthält Luft so viel Feuchtigkeit, dass sie völlig gesättigt ist. Die relative Luftfeuchtigkeit gibt den Prozentsatz der wirklich vorhandenen Feuchtigkeitsmenge vom maximalen Sättigungsgehalt an. So bedeutet zum Beispiel 50 % relative Feuchtigkeit, dass die Luft halb so viel Wasserdampf enthält, wie sie bei der vorhandenen Temperatur aufnehmen könnte. Das Aufnahmevermögen der Luft an Feuchtigkeit ist abhängig von der Temperatur. Es nimmt mit steigender Temperatur zu und mit sinkender Temperatur ab.

Gelangt warme, feuchte Außenluft in einen kühlen Kellerraum, kühlt sie ab. Dabei kann die relative Luftfeuchtigkeit je nach Kellertemperatur auf Werte nahe 100 % ansteigen. Sinkt die Lufttemperatur zum Beispiel an kühlen Wandoberflächen noch weiter ab, ist die Feuchtigkeit nicht

Einzige Möglichkeit, die Luftfeuchtigkeit zu kontrollieren – Haarhygrometer

mehr imstande, sich in Dampfform in der Luft zu halten, sondern schlägt sich teilweise als Kondenswasser nieder. Diese Temperatur, bei der Wasserdampf kondensiert, wird als Taupunkt bezeichnet.

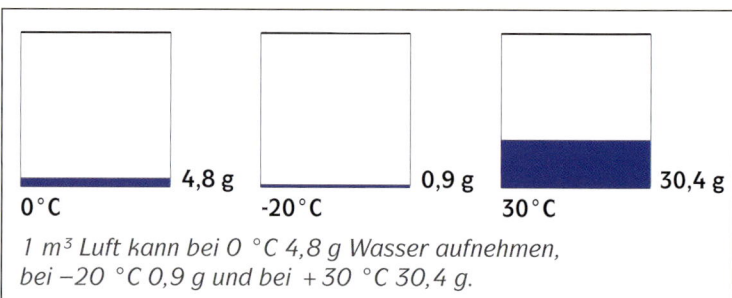

4,8 g
0°C

0,9 g
-20°C

30,4 g
30°C

1 m³ Luft kann bei 0 °C 4,8 g Wasser aufnehmen, bei −20 °C 0,9 g und bei +30 °C 30,4 g.

Der Kondensationsvorgang beginnt immer an der kältesten Stelle des Raumes. Meist handelt es sich hier um Fensterflächen oder schlecht gedämmte Wandflächen.

Beispiel: Der Taupunkt liegt bei einer Lufttemperatur von 22 °C und 70 % Luftfeuchtigkeit bei 16,3 °C. Weniger als 6 °C Temperaturunterschied bewirken hier also bereits einen feuchten Niederschlag.

Beispiel: Schließt man die Badezimmertür und dreht die Dusche auf, beschlagen Fenster- und Spiegelflächen nach kurzer Zeit. Schaltet man dann den Haarfön ein, erwärmt sich die Luft und kann mehr Feuchtigkeit aufnehmen. Fenster und Spiegelflächen werden wieder klar.

Beispiel: Raumvolumen: 50,0 m³; max. Wassermenge bei 20 °C: 860 g; die Temperatur im Raum fällt um 5 °C; max. Wassermenge bei 15 °C: 650 g; 210 g fallen als Tauwasser an! (Skizze).

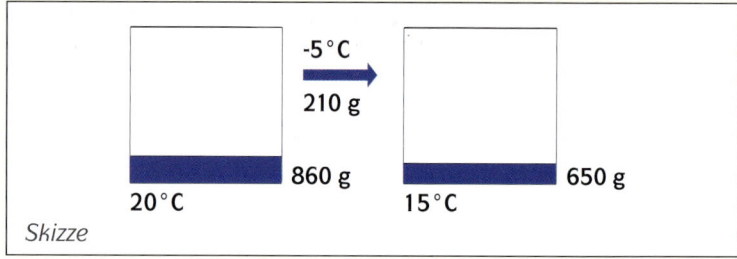

-5°C
210 g

860 g
20°C

650 g
15°C

Skizze

Um Kondenswasserbildung möglichst zu verhindern, Kellerräume in der warmen Jahreszeit am besten nur in den kühlen Nachtstunden lüften!

Um Kondenswasserbildung zu vermeiden, gibt es folglich zwei Möglichkeiten: Entweder man ändert die Temperatur oder die Luftfeuchtigkeit im Raum. Die Luftfeuchtigkeit lässt sich im Keller durch Lüften meist leichter beeinflussen.

Achtung: Kondenswasser ist nicht nur ein optischer Makel. Kondensiert das Wasser an der Oberfläche, entsteht in der Folge Schimmel. Kondensiert es aber im Inneren eines Bauteils, kann es zur Durchfeuchtung und somit sogar zur Herabsetzung der Stabilität und der Wärmedämmfähigkeit führen. Auch Fäulnis und Schädlingsbefall sind dann möglich!

Wasserdampfdiffusion

Der größte Teil der Feuchtigkeit wird im Idealfall über den Luftwechsel aus dem Inneren eines Kellers abtransportiert. Etwa 2 % der Raumfeuchtigkeit gelangen aber direkt über Bauteile ins Freie. Den Durchgang von Wasserdampf durch Bauteile nennt man Diffusion. Das bauphysikalische Problem besteht besonders darin, dass Stoffe, die Wasser nicht durchlassen, von Wasserdampf mühelos durchdrungen werden können. Diese Wasserdampfdiffusion schadet dem Bauteil nicht, wenn die Feuchtigkeit auch wirklich nach außen gelangt. Dabei ist die Beschaffenheit des Wandaufbaus von großer Bedeutung. Zwar setzen Bauteile dieser Diffusion einen gewissen Widerstand (Wasserdampf: Diffusionswiderstandszahl μ [mü]; $\mu_{Luft} = 1,0$) entgegen, ganz können – und sollen – sie aber die Diffusion nicht verhindern. So hat Ziegel einen Dampfdiffusionswiderstand von 8, Kalksandstein von 15 und Beton von 70.

Die besser wärmedämmenden Schichten sollen auf der kalten, äußeren Seite liegen, das wasserdampfdichtere Material innen und das diffusionsoffenere Material außen, damit die eingedrungene Feuchtigkeit besser abgeführt werden kann. Deshalb sollte vor allem auch die Außenseite der Wand nicht mit sperrenden Anstrichen versehen sein. Dämmstoffe sollten so beschaffen sein, dass sie Feuchtigkeit aufnehmen und abgeben können, ohne dadurch ihre Funktionsfähigkeit zu beeinflussen.

> **Der Diffusionswiderstand der Baumaterialien soll von innen nach außen abnehmen! Trifft dies nicht zu, kommt es zu Stauungen innerhalb der Wandkonstruktion und somit zu Feuchteschäden.**

Probleme machen Kältebrücken, die Wahl der falschen Materialien, schadhafte Dampfsperren oder sperrende, außen liegende Anstriche.

Der Taupunkt einer Konstruktion sollte nach Möglichkeit dort liegen, wo das kondensierende Wasser nicht schadet und leicht nach außen abgeführt werden kann.

Sorptionsverhalten von Materialien

Die Sorption beschreibt die Fähigkeit von Baustoffen, überschüssigen Wasserdampf aufzunehmen und bei Bedarf wieder abzugeben. Dieser Effekt spielt sich in den obersten Schichten der Baustoffe ab, dient dem Ausgleich des Raumklimas und ist durchaus erwünscht. Einige Baumaterialien, wie Ziegel, Lehm, Kalk, Gips und Holz, eignen sich besser als

Feuchtigkeitspuffer als andere, wie Glas, Metall, Kunststoff, Beton und la-
ckierte Flächen. In Räumen mit versiegelten Oberflächen ist daher mit
größeren Luftfeuchtigkeitskonzentrationen zu rechnen. Betonoberflä-
chen verhindern die Sorption fast gänzlich.

Lüftungsprinzipien

Bei kleineren Kellerräumen lässt sich oft das Prinzip der freien, natürlichen Lüftung gut anwenden. Es beruht auf dem Konvektionsverhalten
der Luft. Wärmere, feuchtere Luft ist leichter als kühlere und steigt somit
im Raum auf.

*Natürliche Luftzirkulation
durch Belüftungskamine –
mehr oder weniger gut
erhalten!*

Handelt es sich um einen
kleinen Raum mit nur einem
Fenster, kann durch dieses
sowohl das Zuluft- als auch
das Abluftrohr geführt
werden.

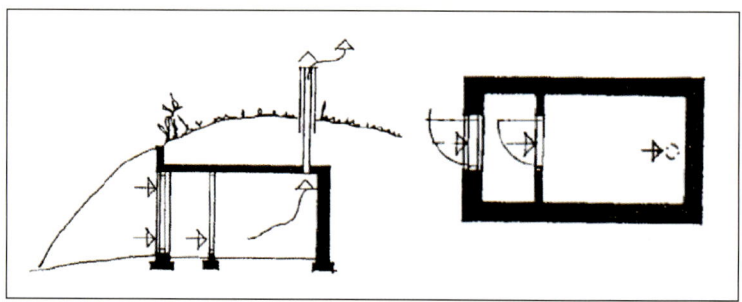

Beispiel: Nomaden verwenden zur Luftkühlung ein poröses Gefäß mit
Wasser, auf das ein Filter mit Holzkohlen in die Mitte eines Lufteinlasses
gesetzt wird. Die warme Luft lässt das Wasser verdunsten, der Raum
wird gekühlt.

Bei der freien, natürlichen Kellerbelüftung werden sowohl Temperatur-
als auch Feuchtigkeitsverhältnisse durch den Einbau von Zu- und Ab-
luftkanälen mit verstellbaren Öffnungen gesteuert. Kalte Luft wird von
außen zugeführt. Meist erfolgt dies über einen Schacht oder ein Rohr,
das einige Meter im Erdreich verläuft. Die Luft kühlt sich dadurch mit
zunehmender Rohrlänge weiter ab und wird dem Raum von unten zugeführt. Die Luft erwärmt sich im Keller, kann dadurch überschüssige
Feuchtigkeit aufnehmen, wird leichter und steigt auf. Diese feuchte,
warme Luft wird im Idealfall an der höchsten Stelle des Kellers wieder abgeführt. Durch das Hochsteigen zieht sie dabei die kühlere Luft aus der
unteren Öffnung nach. So kann bei unterschiedlichen Temperaturen zwischen innen und außen ein Luftwechsel erreicht werden.

Um das Funktionieren dieses einfachen und vor allem kostengünsti-
gen Lüftungsprinzips zu gewährleisten, muss man allerdings einige Kriterien beachten: Die Ansaugöffnung für die Außenluft sollte möglichst
im Schatten und auf der Nordseite liegen. Der Luftaustausch wird verstärkt, wenn die Abluft durch einen Kamin entweicht. Der Raum steht
dann unter Unterdruck. Die Luftgeschwindigkeit ist umso größer, je län-

ger der Schacht ist. Wind an der Abluftöffnung kann den Luftwechsel erheblich verstärken. Wird der Abluftschacht (eventuell ein Edelstahlkamin) noch von der Sonne bestrahlt, tut die Thermik ihr Übriges. Die Öffnungen für Zu- und Abluft sollen möglichst an gegenüberliegenden Seiten angeordnet sein. Die Zuluft soll breitflächig zugeführt werden.

Am besten ist es, die Lüftungsöffnungen großzügig zu bemessen und dann die Lüftung mittels Schiebern zu regulieren.

Die freie, natürliche Lüftung hängt allerdings in ihrer Leistung, wie bereits erwähnt, von vielen sich untereinander beeinflussenden Faktoren ab.

Wenn die Kühlung durch diese Schwerkraftlüftung nicht funktioniert, können Sie immer noch auf eine Frischluftkühlung mit Überdrucksystem und Zuluftventilator oder eine maschinelle Kühlung mittels Kühlaggregat oder Verdampfer zurückgreifen.

Die Schieber wärmegedämmt ausführen! Gitter zum Schutz vor Ungeziefer anbringen!

Lüftungsschächte unbedingt frei halten und nicht verstellen!

Wärmeschutz

Die Wärmedämmung hat die Aufgabe, die Wärmeübertragung zwischen innen und außen zu verringern. Durch richtige Wärmeschutzmaßnahmen im Weinkeller kann man Bauschäden, wie Kondenswasser- und Schimmelbildung, vermeiden, aber auch im Winter das Auskühlen und im Sommer die Erwärmung der raumumschließenden Bauteile und somit große Spannungen an tragenden Bauteilen verhindern.

Die Wärmedämmung der Außenwand hat vollständig zu erfolgen, damit keine Kältebrücken und damit auf der Innenwand Kondensationsflächen mit Schimmelbildung entstehen können.

Bei Temperaturunterschieden zwischen innen und außen tritt immer das Bestreben nach einem Temperaturausgleich ein. Die Wärme fließt immer von der wärmeren zur kälteren Seite ab, bis ein Ausgleich hergestellt ist.

Deshalb dringt im Winter Kälte und im Sommer Wärme in das Gebäude ein.

Ein wichtiger Vergleichswert ist der U-Wert (früher k-Wert). Er ist ein Maß für den Wärmedurchgang durch einen Bauteil und wird in $W/(m^2K)$ angegeben. Mit dem U-Wert wird also ausgedrückt, welche Leistung pro m^2 des Bauteils auf einer Seite benötigt wird, um eine Temperaturdifferenz von 1 Kelvin aufrecht zu erhalten.

Daraus ergibt sich, dass die Leitfähigkeit eines Materials umso größer ist, je dichter und schwerer und je feuchter es ist und je weniger Poren es hat.

Es gibt demnach gute und schlechte Wärmeleiter. Leichte, porige Materialien, wie Dämmstoffe, sind schlechte Leiter, dichte, schwere Materialien, wie Beton oder Metall, setzen dem Wärmefluss kaum einen Widerstand entgegen. Deshalb sind Dämmstoffe meist leicht.

Eine gute Wärmedämmung ist Luft, die beste wäre ein Vakuum, das den Energietransport von Molekül zu Molekül unterbindet. Wasser hingegen leitet 25-mal besser als Luft! Wenn Wasser in Baustoffe, besonders Dämmungen, eindringt, wird der Dämmwert erheblich gemindert. Daher braucht man vor offenporigen Dämmstoffen eine Dampfsperre oder eine Hinterlüftung.

Nun ist es aber bei der Beurteilung von Baustoffen nicht so interessant, wie viel Wärme sie durchlassen, sondern wie sehr sie den Wärmefluss behindern, also wie viel sie dämmen. Der Vergleichswert heißt Wärmedurchlasswiderstand und kennzeichnet die Wärmedämmfähigkeit eines Bauteils.

Wichtig bei Dämmmaterialien sind aber nicht nur ihre Eigenschaften und ihre ausreichende Materialstärke, sondern auch ihre konstruktiv richtige Anwendung. Kälte- oder Wärmebrücken müssen vermieden werden!

Eine Kältebrücke besteht dann, wenn Temperaturdifferenzen zwischen innen und außen auftreten. Praktisch passiert das, wenn die Wärmedämmung nicht lückenlos angebracht wird.

Die Raumtemperaturen unbeheizter Keller sind davon abhängig, aus welchen Materialien die Keller gebaut sind und wie tief sie in der Erde liegen bzw. ob angrenzende Räume beheizt werden oder nicht. Im Winter ist es also im Vergleich zur Außentemperatur im Keller verhältnismäßig warm, im Sommer kühl. Bei sehr guter Dämmung eines Kellers, und hier besonders der Kellerdecke, wird die Lufttemperatur im Keller etwa die Temperatur des angrenzenden Erdreichs erreichen. Bei schlechter Dämmung der Kellerdecke wird sich die Lufttemperatur des Kellers der Temperatur der geheizten Erdgeschossräume angleichen. Aber auch andere Wärmeschutzmaßnahmen lassen sich schon bei der Planung berücksichtigen. Von Bedeutung sind weiters die Lage des Gebäudes und das Verhältnis der Außenflächen zum Volumen des Baukörpers.

Materialien mit guten Wärmedämmeigenschaften haben eine schlechte Wärmeleitfähigkeit!

Falls sich Kältebrücken nicht vollständig vermeiden lassen, muss als Vorsichtsmaßnahme die Luftfeuchtigkeit heruntergesetzt werden.

Früher lüftete sich ein Gebäude von selbst. Durch unzählige Fugen und Ritzen drang Luft ein.

Orte und Möglichkeiten der Weinlagerung

Das Wort „Keller" stammt aus dem Lateinischen. Das „cellarium" war dort ein Vorratsraum oder eine Speisekammer. Der Keller lag meistens völlig oder zum größten Teil unter der Erde. Er war im Sommer kühl und im Winter frostfrei und diente der Frischlagerung von Obst und Gemüse.

Früher war der Keller – wie gesagt – vor allem ein feuchtkühler Vorratsraum für Lebensmittel und Wein. Später wurden Heizung und Brennstofflager im Keller untergebracht. Der Keller wurde somit trocken und warm. Er eignete sich dadurch ideal als Hobbykeller und Abstellraum. Seiner eigentlichen Funktion als Lagerraum jedoch wurde er dadurch beraubt.

Gewölbekeller

Erdkeller

Kellerneubau konventionell

Keller im Wohnhaus

Keller im Nebengebäude

Kühlraum

Mietkeller

Weinklimaschrank

Ein altes Sprichwort: „Der Keller macht den Wein!"

Traditioneller Weinlagerkeller im Grazer Landhaus

Neuer Glanz in alter Hütte (links) Einladend: stimmiger Kuppelkeller; Lamprecht, Klöch (rechts)

Zur Aufbewahrung von Wein ist ein kühler, trockener, geruchsneutraler Naturkeller wahrscheinlich der idealste Ort. Besitzt man keinen solchen Keller, kann man natürlich auch einen vorhandenen Kellerraum als Weinkeller adaptieren. Der Keller sollte jedoch zumindest trocken, nicht überheizt und dunkel sein.

Gewölbekeller

Der klassische Weinkeller ist ein unterirdischer Keller, meist ein Gewölbekeller. Fast alle wurden früher als Lagerkeller für Holzfässer gebaut und hatten meist ein gutes Raumklima. Sie waren gleichmäßig kühl und feucht, und darauf kam es an.

Gewölbe sind die älteste Form massiver Decken. Sie bilden zusammen mit den Gebäudemauern ein festes Gefüge. Der Umgang mit Gewölben erfordert einiges an Erfahrung und Verständnis. Denn was die Statik betrifft, sind sie nur für die Aufnahme von Druckkräften ausgelegt. Hauskeller erhielten als Decke meist ein Gewölbe mit zylindrischer Wölbfläche – ein Tonnengewölbe bzw. ein Kappengewölbe, das eine bessere Ausnutzung der Raumhöhe zuließ. Diese Decken waren durch Träger in kleine Bögen unterteilt. Bei alten Häusern handelte es sich hier oft um gehauene Keller aus Naturstein oder Gewölbe aus Stein und Ziegel. Die Böden bestanden aus gestampftem Lehm oder Natursteinplatten.

Gewölbekeller sind heute wertvolle Erbstücke, neu gebaut werden sie allerdings selten, weil die Herstellung teuer und die Pflege aufwändig ist.

Architektonisch wertvoll und bauphysikalisch gut erhaltenes Gurtengewölbe

Die Kellertemperatur in einem Gewölbekeller ist umso ausgeglichener, je tiefer der Keller in der Erde liegt. Grundsätzlich gilt: Der Temperaturverlauf im Erdreich ist phasenverschoben. Das heißt, je tiefer ein Keller im Erdreich ist, desto zeitverzögerter ist der Einfluss des Oberflächenklimas auf die Temperatur des erdberührenden Bauteils. Aber die Raumtemperaturen solcher Keller sind auch davon abhängig, aus welchen Materialien die Keller gebaut wurden und ob angrenzende Räume beheizt werden oder nicht. Meist schwanken die Temperaturen zwischen 10 und 18 °C. Im Extremfall, bei sehr guter Dämmung der Kellerdecke, wird die Lufttemperatur im Keller etwa die Temperatur des angrenzenden Erdreichs erreichen. Im umgekehrten Fall – bei starker Dämmung der Kellerwände und des Kellerbodens – wird sich die Lufttemperatur des Kellers der Temperatur der beheizten Erdgeschossräume angleichen. Skizze

Sind Gewölbekeller zu trocken, eignet sich Ziegel als Bodenmaterial. Seine Oberfläche kann dosiert befeuchtet werden.

Damit die Feuchtigkeit des Kellers nicht ins Erdgeschoss aufsteigen konnte, wurden früher hohe Grundsockel gemauert, so dass die Kellerdecken über dem Erdreich lagen. Damit war genügend Verdunstungsflä-

In bestehenden Gewölbekellern schädigt oft die aufsteigende Feuchtigkeit Bereiche darüber. Trockenheit und Feuchtigkeit müssen durch eine Isolierung voneinander getrennt werden.

che vorhanden, zumal die Keller durch offene Fensterschächte ständig belüftet wurden. Später führte man zwar horizontale Abdichtungen in die Außenmauern ein, der Kellerboden blieb aber zunächst weiter feucht.

Wird so ein Keller später ausgebaut, werden oft dichte Putze verwendet oder neue, dicht schließende Fenster eingebaut. Die Verdunstung der Feuchtigkeit an den Oberflächen funktioniert dann nicht mehr, und Feuchteschäden sind vorprogrammiert.

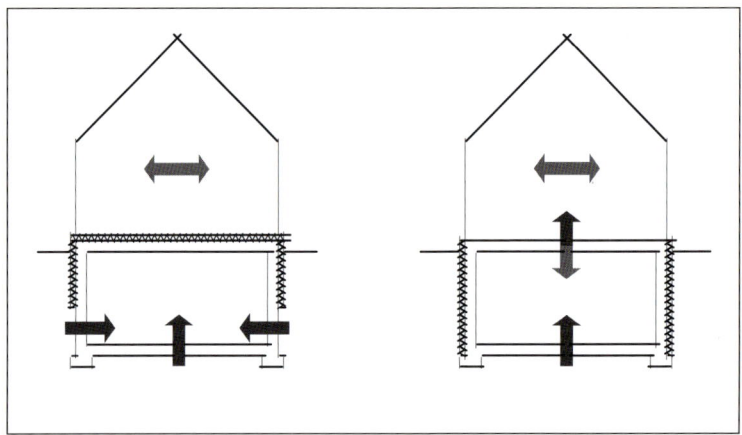

Erdkeller

Erdkeller sollen wegen der meist hohen Feuchtigkeit immer vom Wohnhaus getrennt errichtet werden!

Erdkeller lösen manchmal das Problem der Vorratshaltung bei Häusern ohne geeigneten Keller. Stahlbetonkeller eignen sich nämlich anfangs – durch die große Baufeuchte – gut als Lagerkeller. Wenn die Baufeuchte

Sanierter Eingang zum Erdkeller, liegt schattseitig, mit Büschen verwachsen

jedoch verdunstet ist, ist auch die Wirkung dahin. Ausnahme: Der Lehmboden wird künstlich bewässert, was jedoch Schäden am Haupthaus verursachen kann.

Erdkeller besitzen meist ein vom Fundament weg durchgehendes Gewölbe aus Ziegel oder altem Abbruchmaterial. Bei alten Ziegeln auf deren Festigkeit achten! Keine schadhaften oder versalzenen Ziegel verwenden!

Um die Temperaturunterschiede zwischen innen und außen möglichst gering zu halten, ist eine große Speichermasse notwendig. Deshalb muss die Erdüberschüttung ausreichend sein. Die Stärke ist abhängig von der Besonnung und der Dämmung. Daher wurden die Eingänge zu Erdkellern meist nord- bzw. schattseitig angelegt.

Eventuell ist nämlich eine zusätzliche Dämmung aus Schaumglas notwendig. Schaumglas ist hart, belastbar und auch baubiologisch positiv zu bewerten.

Eine außen liegende Abdichtung verhindert das Einwachsen von Wurzeln. Diese Abdichtung kann aus Kalk- oder Trassmörtel bestehen oder eine normale gespachtelte Abdichtung sein. Abgeleitetes Wasser sammelt sich dann in einem Schotterstreifen an der Innenseite und bewässert so – falls notwendig – den Lehmboden. Aufsteigende Feuchtigkeit ist die beste Bewässerung.

Der Boden sollte möglichst offen und zwecks zusätzlicher Befeuchtung mit einem offenen Gerinne mit Schlauch (Innendrainage) versehen sein.

Der Abluftschacht soll auf das Gewölbe aufgesetzt werden. Tonrohre sind ein Kompromiss, lassen sich aber leicht durchwurzeln. Das Beste ist ein gemauerter, nicht abgedichteter Schacht. Es eignen sich aber auch Abluftschächte aus verzinktem oder beschichtetem Metall oder Edelstahl.

Bei einem Erdkeller im Wohnhaus wird die Bodenplatte dort ausgespart, wo der Naturkeller seinen Platz finden soll. Der Fußboden soll hier mindestens 50 cm tiefer liegen als die Oberkante der anderen Kellerräume, damit eine kalte Luftschicht in der Vertiefung entsteht. Zur Erhöhung der Luftfeuchtigkeit empfiehlt es sich, auf den Betonfußboden Ziegelsteine im Sandbett zu verlegen, die ab und zu mit Wasser befeuchtet werden. Bei der Herstellung eines Erdkellers muss man sich im Klaren sein, was darin gelagert werden soll.

Achtung: Dies gilt auch für die Luftführung!

Bei einem Weinkeller sollte viel Feuchtigkeit draußen bleiben, bei einem richtigen Erdkeller sollte sie hineinkommen! Erdkeller eignen sich deshalb eher für die Lagerung von Obst- und Gemüse.

Alte Ziegel in Wasser tauchen, damit der Mörtel nicht so schnell anzieht.

Gehstreifen und Bodenbefestigung für Regale nicht vergessen!

Obst und Gemüse nicht gemeinsam mit Wein lagern! Wein verträgt wesentlich weniger Luftfeuchtigkeit, als Obst und Gemüse verlangen.

Kellerbau konventionell

Die gängigste Bauausführung von neu errichteten Kellern ist die aus Beton.

Um einen trockenen Keller zu bekommen, muss er sowohl ausreichend gegen die Feuchtigkeit aus dem Erdreich, gegen aufsteigendes Grundwasser und drückende Nässe geschützt werden als auch eine gute Wärmeisolierung bekommen, damit sich keine Luftfeuchtigkeit an den kalten Kellerwänden niederschlägt.

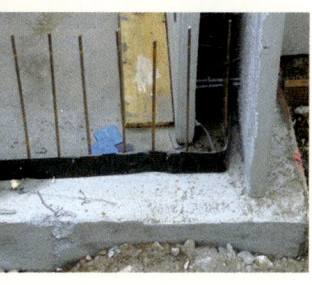

Ob mit Fertigteilelementen oder Ortbeton – eine wesentliche Rolle spielt der Schutz vor eindringender Nässe durch ein Dichtband (unten) bzw. Bitumenanstrich (rechts)

Dämmmaterialien immer außen, dort wo Wärme bzw. Kälte angreifen, anbringen, um Bauteile nicht unnötigen Spannungen auszusetzen und Wärme- bzw. Kältebrücken zu vermeiden.

Gegen den häufigen Fall, dass beispielsweise vom Hang absickerndes Wasser gegen die Kellerwände drückt und sie zu zerstören droht, hilft eine einfache Drainage, die man auch noch nachträglich zur Sanierung von Bauschäden anlegen kann. Dabei wird der Erdboden an der Außenwand bis zur Sohle ausgehoben und der Freiraum mit grobem Kies gefüllt. Ein spezielles Drainagerohr sorgt dafür, dass sich ansammelndes Wasser in die Kanalisation oder in eine Versickerungsmulde abgeführt wird. Zum Erdreich hin sorgt ein unverrottbares Kunstfaservlies dafür, dass sich die Kiesschicht nicht zu sehr setzt. Kellerwände aus Beton müssen abgedichtet und gedämmt werden.

Dies erfolgt mittels Bitumenbahnen und einer wasserdichten, zum Erdreich hin liegenden Dämmschicht. Diese sollte besonders über der Erde, an der Südseite und im Bereich eines Flachdaches, stärker ausgebildet sein.

Kühlen kann man durch Isolierstoffe nicht, aber das Eindringen von Wärme oder Kälte von außen kann sich verlangsamen.

Achtung: Es gibt eigene Dämmmaterialien für über und unter der Erde! Manche Wärmedämmstoffe nehmen bei unsachgemäßer Verwendung Feuchtigkeit auf. Kann diese eingedrungene Feuchtigkeit nicht wieder hinausziehen, wird die Dämmwirkung herabgesetzt oder sogar zerstört.

Sicherheitshalber auf der Rauminnenseite eine Dampfsperre anbringen und die Wärmedämmschicht hinterlüften.

Sorgfältige Isolierung reduziert die Kältebrücken und damit die Kondensationsflächen innen

Keller im Wohnhaus

Im Standardkeller kann man ohne kleinere Anpassungen kein ideales Lagerklima erreichen. Ein Weinlagerkeller sollte zu warmen Wohnbereichen hin isoliert werden. Sehr häufig dient ein eigener Kellerraum nicht nur der Weinlagerung, sondern hat noch sehr viele andere Schätze zu beherbergen. Sofern die Lagerbedingungen für Vorräte und dergleichen denen von Wein ähneln, spricht nichts gegen eine gemeinsame Lagerung. Als Weinlagerraum und zugleich Verkostungsecke wird sich der Raum dann aber nicht anbieten. Bei entsprechender Bauweise und wenn die Größe ausreicht, bietet der freie Raum unter dem Stiegenaufgang mehrere Möglichkeiten der optimalen Nutzung, da diese Räumlichkeiten meist gar nicht beheizt werden und auch sonst oft gänzlich ungenutzt bleiben. Mit etwas Geschick lässt sich auch auf sehr kleinem Raum ein funktioneller und schöner Weinlagerraum gestalten.

Auch vorhandene Warmwasserleitungen durch Kellerräume lassen die Raumtemperaturen ansteigen. Daher sollten diese auch gedämmt werden. Im Idealfall sollte sich der Lagerort möglichst weit entfernt von einer eventuell vorhandenen Wärmequelle (z. B. Zentralheizung) befinden, auf der

Der Raum wird mit Bitumen abgedichtet. Im Abstand von 5 cm wird eine Ziegelwand vorgesetzt. Dahinter dienen eingebaute Sickerschläuche als Innendrainage zur künstlichen Befeuchtung, ohne darüberliegende Wohnräume zu gefährden.

Nordseite liegen und gut zu durchlüften sein. Bei Stahlbetonkellern kann es in Ausnahmefällen auch vorkommen, dass die Kellerräume zu trocken sind.

Gemeinsame Lagerung von Wein mit anderen Lebensmitteln

Keller im Nebengebäude

Eine gute Lösung ist die Errichtung eines Weinkellers in oder unter einem nicht beheizten Nebengebäude. Die Möglichkeiten reichen vom unterirdischen Gewölbekeller bis zum ebenerdigen Kühlraum.

Kühlraum

Auch wenn man in seinem Haus oder seiner Wohnung keinen Keller einrichten kann, gibt es Möglichkeiten, ein Weinlager anzulegen. Man isoliert einen Schrank, Abstellraum oder ein kleines Zimmer.

Erschütterungen durch Treppenbenutzung berücksichtigen!

Mittels Kühlaggregats lässt sich dieser Bereich auf konstant niedrigem Temperaturniveau halten. Wem diese Lagergröße nicht ausreicht, der kann auch einen ganzen Kellerraum mittels Wärmeisolierung und Klimaanlage komplett in einen Kühlraum umbauen. Hier herrschen dann ständig gleichbleibende, für die Weinlagerung optimale Bedingungen. Diese Variante ermöglicht die perfekte Lagerung jeden Weines.

Mietkeller

Einige Weinbauern bieten ihren Kunden auch private, verschließbare Abteile und Regale an. Hier können Weinliebhaber ihre persönlichen Tropfen bei idealen Bedingungen lagern, verkosten und bei Bedarf mit nach Hause nehmen.

Unverwechselbar: traditioneller Kellereingang (links)
Kontrollierte Lagerbedingungen auch für größere Weinmengen (rechts)

Verschließbare Mietfächer (links)
Mietkeller: Zutritt nur für Befugte (unten)

Weinklimaschrank

Die üblichen Haushaltskühl-
schränke sind für eine Weinlagerung völlig ungeeignet.
Sie unterliegen Erschütterungen und Temperatur-
schwankungen.

Hat man keinen eigenen Weinkeller oder fehlt im Haus ein Raum mit idealen Lagerbedingungen, um einen Weinkeller einzurichten, dann sollte man
sich einen Weinklimaschrank anschaffen. Das sind speziell für die Lagerung
von Weinen entwickelte Kühlschränke. Die Lagerkapazität umfasst je nach
Modell bis zu 200 Flaschen auf verstellbaren Rosten. Weinklimaschränke
arbeiten im Gegensatz zu herkömmlichen Kühlschränken völlig vibrations-
frei und besitzen Luftfilter zur Verhinderung von Schimmelbildung.

Eine eingebaute Zwangsumluftkühlung sorgt für ausreichend Feuchtigkeit und eine gleichmäßige Temperatur. Der mögliche Temperaturein-
stellungsbereich liegt zwischen 2 und 15 °C. Weinklimaschränke haben
entweder eine einzige selbst wählbare Temperaturzone oder mehrere
Temperaturbereiche.

Weinklimaschränke als temperaturgesteuerte Vitrinen sind besonders
im Wohnbereich sinnvoll – egal ob man einen Lagerkeller besitzt oder
nicht. Die raffiniertesten Vitrinen haben Abteile mit verschiedenen Temperaturbereichen, in denen sich die Weiß- und Rotweine auf der richtigen Serviertemperatur halten lassen, so dass man bei unerwartetem Be-
such nicht mehr in Verlegenheit zu bringen ist!

Schön integriert, mit
stehender Weinlagerung
auch sehr übersichtlich

Ideal ist hier ein Klimaschrank mit zwei oder drei Temperaturbereichen: 4–9 °C für Weiß- und Schaumweine, 10–15 °C Lagerung und Reifung von Weiß- und Rotweinen, 14–18 °C für trinkreife Rotweine. Achten Sie neben dem fachlichen und optischen Aspekt beim Kauf eines solchen Weinklimaschrankes auch auf das technische Detail des Energiebedarfs!

Will man seine Weine über längere Zeit lagern und reifen lassen, dann eignet sich hierfür besonders ein Klimaschrank mit einer Temperaturzone. Die Wertigkeit der Weine sollte dabei in jedem Fall den Energiekosten gegenübergestellt werden

Lagersysteme

In erster Linie dienen Weinregale dazu, die Flaschen ordentlich, übersichtlich und vor allem weingerecht zu lagern. Jeder Wein muss sich leicht finden lassen, möglichst, ohne dabei andere Flaschen zu bewegen. Regale und Gestelle müssen stabil und leicht zu erreichen sein und sollten nach Möglichkeit variable Fächerunterteilungen haben. Große Abteile und Regale, in denen viele Weinflaschen übereinander gestapelt werden, erfordern wiederum große Mengen von einer Sorte. Praktischer und zweckdienlicher für den privaten Weinkeller sind Regale und Gestelle in unterschiedlichen Größen, die etwa einem Dutzend oder weniger Flaschen vom gleichen Wein, aber auch Einzelflaschen (zum Beispiel Magnum) Platz bieten.

> **Den Weinlagerraum nicht völlig mit Regalen verstellen. Man braucht auch freie Flächen zum Abstellen und Auspacken bzw. Zwischenlagern von Neuerwerbungen.**

In diesem Kapitel findet sich ein breit gefächertes Angebot an geeigneten Hilfsmitteln für eine übersichtliche Lagerung von Weinen.

Wichtige Kriterien bei der Wahl des geeigneten Regals sind Stabilität, Konstruktion, Material, Größe und Form.

Haftung
Bei den im Buch angeführten Beispielen handelt es sich ausschließlich um Systemskizzen. Die Dimensionierung der Konstruktionen wurde ohne exakte Berücksichtigung von Material, Befestigung, Anzahl und Gewicht der Flaschen, Beschaffenheit des Raumes (Wand und Deckenkonstruktion) sowie Statik angenommen.

Flaschen: Formate und Stapelmöglichkeiten

Geht man davon aus, dass Flaschen in der Regel liegend gestapelt werden, ergeben sich für die Form des Stapels mehrere Möglichkeiten. Ausschlaggebend dafür sind die Form der Flasche sowie der Umstand, dass beinahe jede Flasche andere Abmessungen (Länge, Durchmesser, Gewicht) hat. Natürlich gibt es auch eine Norm, nach der die Glashütten ihre Maßbehältnisflaschen anfertigen. Die individuellen Wünsche und Ansprüche haben allerdings zu einer sehr großen Vielfalt geführt, die wiederum eine allgemeingültige Aussage über die Fächermaße beispielsweise nicht mehr zulässt. Maßbehältnisflaschen sind an der Bodennaht oder am Flaschenboden mit einem verkehrten „E" gekennzeichnet. Darüber hinaus finden Sie dort noch das Randvollvolumen ohne Angabe der Maßeinheit in Zentiliter oder mit Maßeinheit in Millimeter vom obersten Flaschenrand (z. B. „77" oder „30 mm"), das Nennvolumen in Liter, Zentiliter oder Milliliter (z. B. 0,75 l, 75 cl, 750 ml) sowie das vom Bundesamt für Eich- und Vermessungswesen ausgegebene Herstellerzeichen der Glashütte.

Angabe des Nennvolumens und der Füllhöhe bei Maßbehältnis-Flaschen am Boden, ...

... oder an der Bodennaht (750 ml Nennvolumen bei 770 ml Randvolumen)

Um einen Anhaltspunkt über die Dimension Ihres Weinlagersystems zu liefern, haben wir versucht, die gängigsten Flaschenformen in einer Tabelle zusammenzufassen. Aus den Angaben Durchmesser, Höhe und Leergewicht lassen sich Fächer zur Flaschenlagerung individuell konstruieren und dimensionieren, was insbesondere für die Stabilität der Systeme wichtig ist. Bei der Tragkraft ist natürlich das Gewicht des wertvollen Inhaltes hinzuzurechen – die relative Dichte von Wein liegt um 1,0000, das heißt 750 ml entsprechen 750 g – und dann entsprechend zu überdimensionieren.

Flaschenformen

Steiermark   Bordeaux   Burgunder   Rheinwein

Abmessungen der häufigsten Flaschenformen			
0,375 l	**0,5 l**	**0,75 l**	**1,5 l (Magnum)**
Top Bordeaux	- / - / -	65,5 / 267,5 / 368	73,9 / 340 / 641	- / - / -
Bordeaux 400	62,5 / 246 / 340	- / - / -	76 / 289 / 400	83,5 / 346 / 690
Bordeaux Exklusiv	61,5 / 251 / 350	- / - / -	76,2 / 300,5 / 500	- / - / -
Bordeaux Europa	- / - / -	- / - / -	76 / 316 / 600	- / - / -
Bordeaux Prestige	- / - / -	- / - / -	75,4 / 300 / 500	- / - / -
Bordeaux 310	- / - / -	- / - / -	75,1 / 310 / 460	- / - / -
Bordeaux BA	61 / 280 / 478	- / - / -	- / - / -	- / - / -
Bordolese	- / - / -	- / - / -	75,7 / 293 / 410	- / - / -
Bordolese Europea	- / - / -	- / - / -	75,3 / 316 / 560	- / - / -
Bordolese Futura	- / - / -	61,7 / 353 / 600	- / - / -	
Burgunder Medium	- / - / -	- / - / -	80,5 / 282 / 400	- / - / -
Burgunder Weinflasche	66 / 246,5 / 373	- / - / -	81,6 / 278 / 425	106 / 348 / 870
Burgunder Tradition F	- / - / -	- / - / -	82 / 296 / 573	- / - / -
Burgunder Exklusiv	- / - / -	- / - / -	81/ 296 / 500	- / - / -
Steiermark	- / - / -	64,2 / 289 / 405	73 / 330 / 540	- / - / -
Rheinwein	61,5 / 274,5 / 355	68 / 313 / 445	75,7 / 328 / 440	- / - / -
Rheinwein Exklusiv 500	- / - / -	- / - / -	77,9 / 350 / 500	- / - / -
Rheinwein Prestige	- / - / -	- / - / -	78,1/ 353 / 550	- / - / -

Quelle: www.vetropack.at   (Durchmesser / Höhe / Gewicht)

Bei der Berechnung der Fächergrößen kommt es auf die Art und Weise an, wie Sie die Flaschen schlichten möchten. Abhängig von der Flaschenform wurden von uns grundsätzlich drei unterschiedliche Typen definiert. Bei Flaschen mit gerader Körperform (Steiermark, Bordeaux) sind alle drei Stapeltypen möglich. Zu unterscheiden sind kegelförmige Flaschenformen (Burgunder, Rheinwein), bei denen ausschließlich Stapeltyp zwei empfohlen wird, da bei höherer Stapelung der Stoß zum Kippen neigt.

Stapeltyp 3 ist bei Burgunder und Rheinweinflaschen nur für 2–3 Lagen möglich, da ohne Zuhilfenahme von Distanzstücken der Stapel aufgrund der Flaschenform in sich zusammenfallen würde.

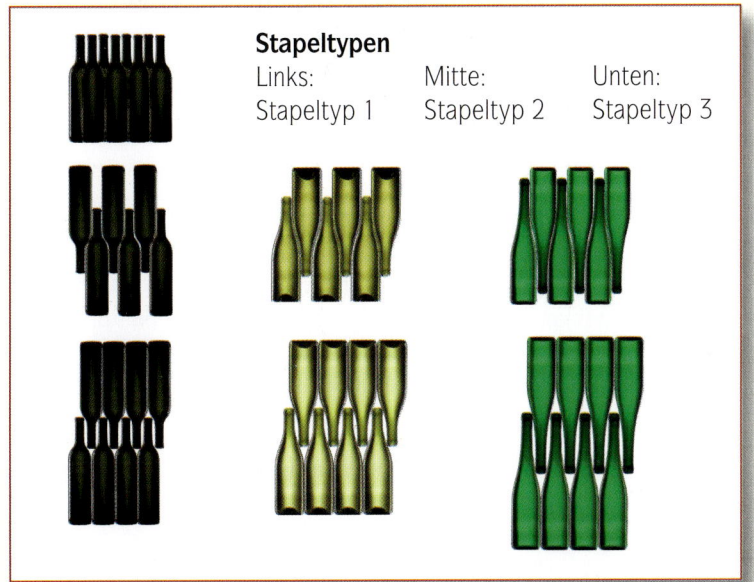

Stapeltypen

Links: Mitte: Unten:
Stapeltyp 1   Stapeltyp 2   Stapeltyp 3

Neben der Flaschenform und des sich daraus ergebenden Stapeltyps sind die Abmessungen der Flaschen insbesondere deshalb interessant, da sich die Größe (Breite, Tiefe und Höhe) der Fächer danach richtet. Ist das Fachmaß nicht auf die Flaschengröße abgestimmt, werden Distanzstücke in Form von Keilen oder Hölzern notwendig, um entsprechende Stabilität zu erreichen. Für die optimale Fachbreite und -höhe ergeben sich zwei Berechnungsformeln, wobei mit „n" der Durchmesser der Flasche und mit „X" die Anzahl der Flaschen pro Lage angenommen wird.

A) X mal n bei exakter Lage übereinander und voller Ausnutzung der Breite. (Skizze 1)

B) X mal n + n/2 bei Stapelung der darüberliegenden Lage in die Zwischenräume der unteren Lage. (Skizze 2)

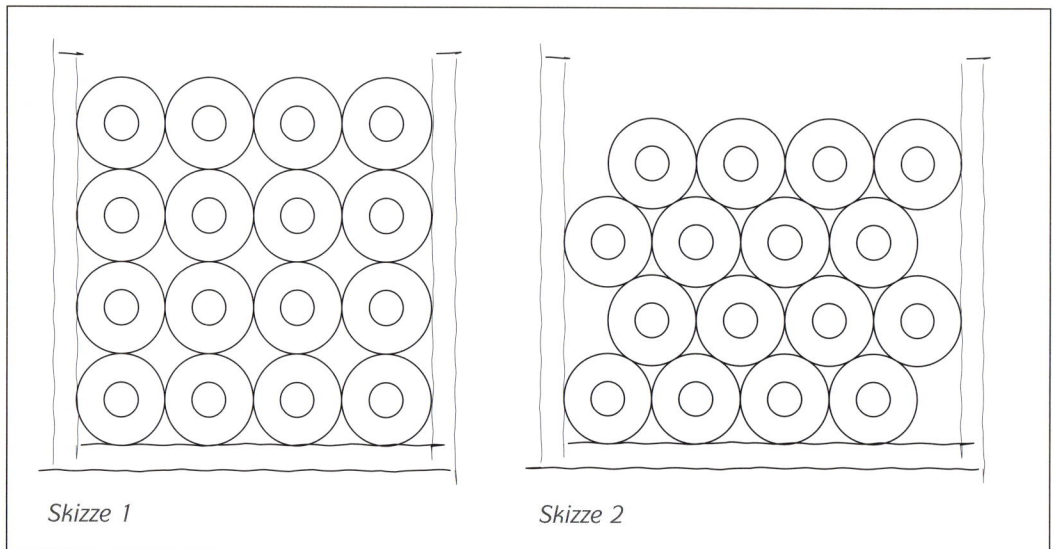

Skizze 1   *Skizze 2*

Unterschiede bei den Flaschendurchmessern sind bei der Berechnung der Fachbreiten zu berücksichtigen – Belassen eines gewissen Spielraumes!

Neben den gängigsten 0,75-Liter-Maßbehältnisflaschen gibt es kleinere Formate zur individuellen Verwendung und für spezielle Weine aus besonderen Jahrgängen Großflaschen mit einem Inhalt bis zu 40 Litern. Es sind vor allem Champagnerflaschen, die mit Ausnahme von Primat und Souverain biblische Namen tragen, mit denen auch Geschichte verbunden ist.

Normalgröße	Liter	Bezeichnung
1/4	0,2	Piccolo
1/2	0,375	Demi/Filette
1	0,75	Imperial
2	1,5	Magnum
4	3	Jeroboam/Doppelmagnum
6	4,5	Rehoboam
8	6	Methusalem
12	9	Salmanazar
16	12	Balthazar
20	15	Nebukadnezar
24	18	Melchior bzw. Goliath
35	26,25	Souverain oder Sovereign
36	27	Primat
40	39	Melchisedech

Großflaschen haben sammlerischen und auch dekorativen Wert

Aufbewahrung in der Originalverpackung

In Holzkisten verpackter Wein ist äußerst dekorativ. So verpackt, kann er auch aufbewahrt werden, was die Flaschen vor Staub und der vielfach gefürchteten Korkmotte schützt.

Flaschen ab und zu kontrollieren.

Die Kisten sollten nicht direkt auf dem Boden stehen, sondern luftumspült auf Holzleisten gelagert werden.

Wer seinen Wein nicht in den dazugehörenden Original-Holzkisten lagern möchte, sollte diese dennoch aufheben. Beim Verkaufen beruhigt es den Käufer und steigert den Wert des Weines. Dies gilt besonders für Magnumflaschen und andere Größen.

Auch als Geschenk wirken Weine in Holzkisten dekorativer und wertvoller.

Kartons dienen generell nur der vorübergehenden Lagerung, da sie bei zu hoher Luftfeuchtigkeit (mehr als 35 %) schimmeln und so Gerüche und Moder übertragen können. Außerdem verlieren sie dann an Stabilität. Unter optimalen Lagerbedingungen bieten speziell dafür konstruierte Weinkartons auch die Möglichkeit der längeren Lagerung.

Geordnete und stabile Lagerung in Holzkisten

Handelsübliche Regalsysteme

Der Handel bietet variable, stapelbare Baustein- oder Stecksysteme aus allen möglichen Materialien an. Diese sind vielseitig kombinierbar und dekorativ. Den individuellen Gestaltungsmöglichkeiten sind kaum Grenzen gesetzt.

Die Bausteine lassen sich leicht zu stabilen und hohen Regalen zusammenbauen und sind in verschiedensten Größen und Formen erhältlich.

Meist gibt es dazu Spezialteile wie schmiedeeiserne oder gläserne Türen, Weintresore für besondere Flaschen, Fachteiler und vieles mehr.

Vorteile	leicht zu errichten
	leicht zu erweitern
	verschiedenste Formen möglich
	gut an den Raum anpassbar
	viele spezielle Elemente
	gutes Weinklima
	übersichtlich
	gute Platzausnutzung
Nachteile	teuer
	nichts Individuelles – von der Stange

Zweckentfremdet und dennoch funktionelles Büroregal

Selbst gebaute Regale

Bienenfresser, Phantom der Oper, Starfighter oder Weite Welt, Billy, Sultan, Knut, Astro, Barbara, Catch me, Black is Black ... und wie sie alle heißen.

In Anlehung an die Namen mehr oder weniger großer Weine und Möbel bekannter Einrichtungshäuser haben auch wir unsere Phantasie spielen lassen und unserem Design einen Namen gegeben!

Auch selbst gebaute Regale können aus Holz, Metall, Ziegel oder Naturstein gefertigt werden. Wegen des Gewichtes der Flaschen müssen sie an der Wand oder Decke gut befestigt werden. Damit die Kellerluft zirkulieren kann, sollte das Regal ca. 5 cm von Wand, Boden und Decke entfernt sein. Die Regalfüße sollten aus Metall oder Hartholz hergestellt und höhenverstellbar sein, um Bodenunebenheiten ausgleichen zu können. Einzelne Fächer mit besonderen Weinen können auch versperrbar sein und mit Türen aus Holz mit Lüftungsbohrungen, Metallgitter oder Glas ausgeführt werden. Besonders praktisch sind Fachteiler. Sie unterteilen das Regal in kleinere Einheiten und halten die Flaschen stabil.

Auf der Unterseite kann man Gummiplättchen anbringen, die Erschütterungen dämpfen.

Selbst gebautes Weinregal mit Dachlatten – unkompliziert, günstig (links)
Absperrbarer Bereich für besonders wertvolle Flaschen (rechts)

> **Es gibt keine guten oder schlechten Baustoffe, sondern nur richtig oder falsch behandelte bzw. eingesetzte Baustoffe.**

Beispiele aus Ziegel

Material und Eigenschaften

Der Ziegel ist nicht nur eines der ältesten Baumaterialien, sondern aufgrund seiner Vielfältigkeit und bautechnisch guten Eigenschaften auch eines der bedeutendsten.

Ziegel sind keramische Baustoffe aus Ton. Der Rohling aus Lehm wird gepresst, getrocknet und bei ca. 1.000 °C gebrannt. So entsteht eine poröse Struktur. Wird Ziegel über 1.000 °C gebrannt, schließen sich die Poren und die Oberfläche wird glasig. Es entsteht der frostbeständige Klinkerziegel, der z. B. für Sichtziegelmauerwerk oder Bodenbeläge verwendet wird.

Geschichte: Ziegel wurden früher in Ziegelhäufen gebrannt, deshalb kamen die Farbunterschiede von Schwarz bis Blau zustande.

Steine aus Ziegel sind für das natürliche Weinklima sehr förderlich.

Format des normalen Mauerziegels: 25 x 12 x 6,5 cm

Vorteile	hohe Druckfestigkeit
	gute Wärmespeicherfähigkeit
	Feuchtigkeit ausgleichend, atmungsaktiv
	brandbeständig
	fäulnis- und verrottungssicher
	resistent gegen Schädlinge
	beständig gegen chemische Einflüsse
	leicht zu verarbeiten
	dauerhaft, formbeständig
	heimischer Baustoff
	angenehmes Raumklima
Nachteile	hohes Gewicht
	Baufeuchte durch Mörtel
	Klinkerziegel ist zum Teil diffusionsdicht

Rustikal und stimmig:
gebrauchte Mauerziegeln
und Massivholzmöbel

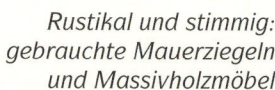

„Stein auf Stein"

Das klassische Weinregal ist für viele sicher das aus reinem Ziegel. Ziegel hat Tradition, ist stabil, formschön und bauphysikalisch äußerst günstig zu bewerten.

Verwendet wird meist Ziegel im Normalformat. Dieser ist handlich und bildet je nach Regaltiefe und -ausbildung schöne Verlegemuster.

Wird – wie hier – Ziegel als alleiniges Material verwendet, muss der Regalboden, um tragfähig zu sein, leicht gewölbt gemauert werden. Die Ziegel können dabei sowohl liegend als auch stehend verwendet werden. Je nach Regaltiefe lassen sich die Flaschen nach unterschiedlichen Stapelverfahren schlichten.

Alte Ziegel wirken besonders durch ihre Farbeffekte. Die Farbvariationen sind beim Brennen durch die unterschiedliche Zusammensetzung des Ausgangsmaterials und der unterschiedlichen Temperaturen beim Brennvorgang entstanden.

Wer keine alten Ziegel zur Verfügung hat, kann natürlich auch neue verwenden. Diese sollten jedoch nicht künstlich auf Alt getrimmt werden, indem z. B. Ecken abgeschlagen werden.

Es können allerdings auch Klinkerziegel, wie sie im Außenbereich für Fassaden oder Bodenbeläge gerne gebraucht werden, verwendet werden. Diese sind aufgrund der höheren Brenntemperatur härter, aber auch dichter als normaler Ziegel.

Wichtig ist hier besonders die Zusammensetzung des Fugenmaterials. Je höher der Kalkanteil und je niedriger der Zementanteil, desto höher die Atmungsaktivität.

Bei einfacheren Regalformen können einzelne Fächer auch mit Türen versehen werden. Undurchsichtige Türen schützen wertvolle Flaschen vor neugierigen Blicken (z. B. in Kellern von Mehrparteienhäusern).

Geheimnisvolles „Schließfach" (oben)
„Offenes Geheimnis" (unten)

Klinkerziegel: scharfe Kanten (links)
Gebrauchte Mauerziegel: vermitteln Harmonie (rechts)

Außerdem lassen sich so aber auch andere „artfremde" Getränkeflaschen, wie Obstsäfte oder Most, versteckt im kühlen Weinkeller unterbringen. Als Materialien eignen sich besonders Holz oder Metall, aber auch satiniertes oder gefärbtes Glas. Nicht auf Lüftungslöcher vergessen!

Durchsichtige Türen können aus einfachen Rosten, aber auch aus schmiedeeisernen Gittern hergestellt werden. Hier wirken nicht nur die Motive des Gitters, sondern auch die eventuell sogar beleuchteten Flaschen dahinter.

„Der Schatz vom Silberberg"

Eine optimale Variante bei der Verwendung von Ziegel ist die Kombination mit einem anderen Material.

Dabei findet der Ziegel als tragende Regalkonstruktion Verwendung. Die Regalböden aber bestehen z. B. aus Holz, Glas oder Metall. Bei diesem Regal wird besonders die Vertikale betont. Die horizontalen Regalböden können entsprechend dünner und feiner ausgebildet werden und treten dadurch in den Hintergrund. (Skizze 1)

Diese Regalvariante lässt sich auch gut mit Gewölben kombinieren oder sogar in Gewölbefelder einpassen.

Werden die Regalböden mittels Metallstiften gehalten, müssen die einzelnen Ziegelmauern nicht exakt gleich aufgemauert werden. Die Metallstifte können sowohl in die Fuge als auch in den Ziegel gebohrt werden. (Skizze 4) Vor diesem Problem steht man wahrscheinlich meist bei der Einbindung von bestehenden Ziegelwänden.

Edler, weil exakter gearbeitet, wirkt das Regal allerdings, wenn die Fugen in gleicher Höhe liegen. Dann können die Regalböden direkt in die Fugen eingeschoben werden und benötigen bei entsprechendem Auflager keine zusätzliche Unterstützung.

Im Idealfall werden alle Fugen gleich tief ausgebildet. Das bietet den Vorteil, dass die Regalböden in der Höhe beliebig verstellbar und schwindendem oder wachsendem Bestand angepasst werden können.

Als Material für die Fächer eignet sich z.B. Holz. Hier ist allerdings zu beachten, dass das Holzbrett oder die Mehrschichtplatte eine gewisse Konstruktionshöhe haben muss, um das Gewicht der Flaschen auch tragen zu können. Somit wirkt das Regal nicht mehr so zart und auch die Fuge muss dementsprechend stark ausgebildet sein. Um dies zu vermeiden, kann man auch den letzten Ziegel unter dem Regalboden quer mauern und somit als Auflager für den Holzboden verwenden. Bei dieser Ausführung ist allerdings ein Verschieben der Fächer in der Höhe nicht mehr möglich. (Skizze 3)

Variable Fächergröße durch Doppelfunktion der Fugen

Eine gute Alternative ist die Verwendung von Glas, insbesondere Drahtglas, als Fachboden. Allerdings kann diese Möglichkeit nur bei geringer Bestückung empfohlen werden. Bei großen Belastungen kann es schon einmal zu Sprüngen kommen. Das Regal bricht durch die Drahteinlage zwar nicht, ist aber dann optisch nicht mehr sehr ansprechend. Am besten bewährt hat sich die Kombination mit einem Metallrahmen. (Skizze 5) Der Rahmen wird in die Fugen geschoben. Die Glasplatte ist etwas weniger breit und liegt innerhalb der Ziegel-Tragkonstruktion frei darüber.

Wenn man pro Regalfach einen Ziegel ganz statt halb verwendet, entsteht ein kleiner Vorsprung, auf dem sich dekorativ eine Einzelflasche präsentieren lässt. (Skizze 2) Das ist besonders für größere Bestände einer Sorte empfehlenswert. Die einzelne Flasche gibt einen Hinweis auf den Inhalt des entsprechenden Regalfaches.

Dieses Regalsystem eignet sich auch als Raumteiler. Dabei kann es mit einfachem, doppeltem oder gegengleichem Stapelverfahren bestückt werden.

Die Regalböden müssen aber nicht immer horizontal ausgebildet werden. Wer das „Schräge" liebt, kann sie auch diagonal im Rautenmuster einschieben.

Fixe Fachgröße durch Auflage für Holzboden mittels vorstehender Ziegel

Größere Fächer können einfach und funktionell geteilt werden

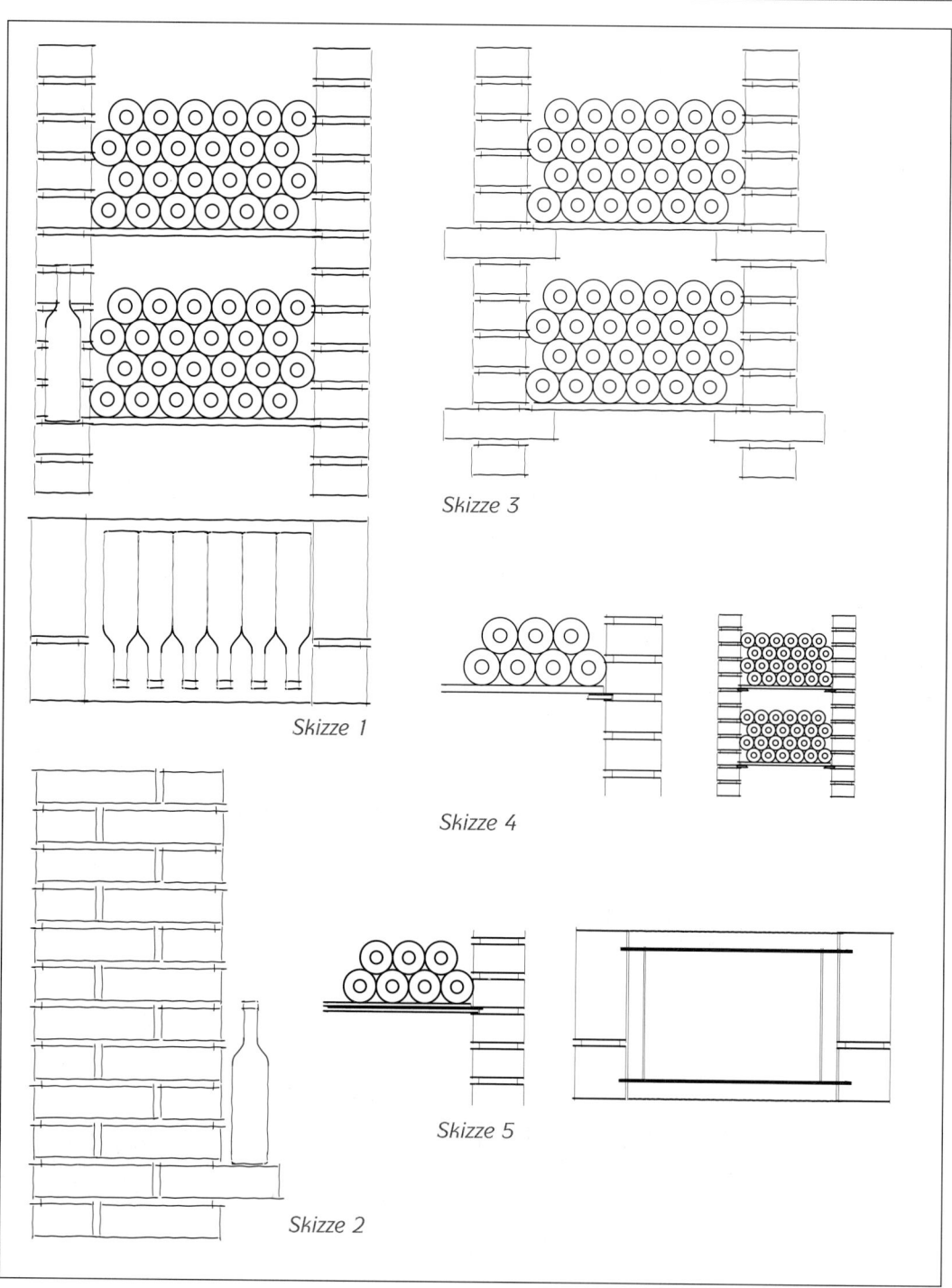

Skizze 3

Skizze 1

Skizze 4

Skizze 5

Skizze 2

„1, 2... Eckstein, alles muss versteckt sein!"

Diese Regalvariante unterscheidet sich von der vorherigen durch die Art der Oberflächengestaltung. Der Ziegel wird hier nicht gezeigt, sondern verschwindet unter einer Putzschicht. Diese Möglichkeit eignet sich besonders für kleine Räume. Die helle Putzoberfläche lässt den Raum dann optisch größer erscheinen. Dasselbe gilt übrigens auch für Böden und Decken. (Skizze, Seite 72)

Sind Räume sehr nieder, empfiehlt es sich, die Decke hell zu gestalten.

Man wird die Ziegel aber auch verputzen, wenn sie optisch nicht mehr so ansprechend sind, schadhafte Stellen durch Putz verdeckt werden sollen oder man nur neue Ziegel zur Verfügung hat und diese nicht herzeigen will. Eventuell kann das Regal sogar aus einem anderen Material gebaut und das Material „Ziegel" nur vorgetäuscht werden. Das ist zwar nicht ganz korrekt, ist aber auf den ersten Blick nicht zu erkennen. Dies gilt zum Beispiel für die Verwendung von Ytong, Holz oder Holzwerkstoffe, die verputzt oder nur gespachtelt und gestrichen werden.

Werden Fachteiler benötigt, tut man sich bei der Wahl des Materials nicht so schwer. Farblich passt fast alles. Da bei verputzten Regalwänden die Ziegelfugen nicht sichtbar sind, muss die Stärke des Einlegebodens nur nach den statischen Erfordernissen gewählt werden.

Daher eignen sich auch mehrere Zentimeter starke Vollholzbretter.

Besonders dunkle Holzbretter bilden einen hübschen Kontrast zu den weißen tragenden Wandteilen.

Natürlich ist es auch „erlaubt", dem Putz eine Farbe zu geben!

Mit diesem Regalsystem können aber auch bestehende Fenster- und Türöffnungen sowie vorhandene Nischen einfach in ein Weinregal umfunktioniert werden.

Verkostungsräume sind für die Lagerung von Wein meist zu warm (links)
Dekorativ, wenn schon fachlich nicht richtig (rechts)

Wichtig ist nur, sicherzugehen, dass die Weine nicht zu viel und zu lange der Sonneneinstrahlung ausgesetzt werden.

Für sehr schmale Nischen können die Weine ausnahmsweise auch stehend gelagert werden. So kommen dekorative Flaschen mit schönen Etiketten gut zur Geltung. Eventuell können diese auch leer sein und als Erinnerung an einen feinen Tropfen oder einen besonderen Anlass aufgehoben werden.

Schöne Detaillösungen ergeben sich auch, wenn einzelne Ziegel oder sogar Bogenelemente unverputzt bleiben.

Falls einmal ein Wein ausrinnt, können kleine Missgeschicke leicht durch Überstreichen ausgemerzt werden!

Bei Gewölben können zum Beispiel die Gurte unverputzt und die Bogenfelder verputzt werden.

Mauernischen eignen sich besonders gut für die Weinlagerung

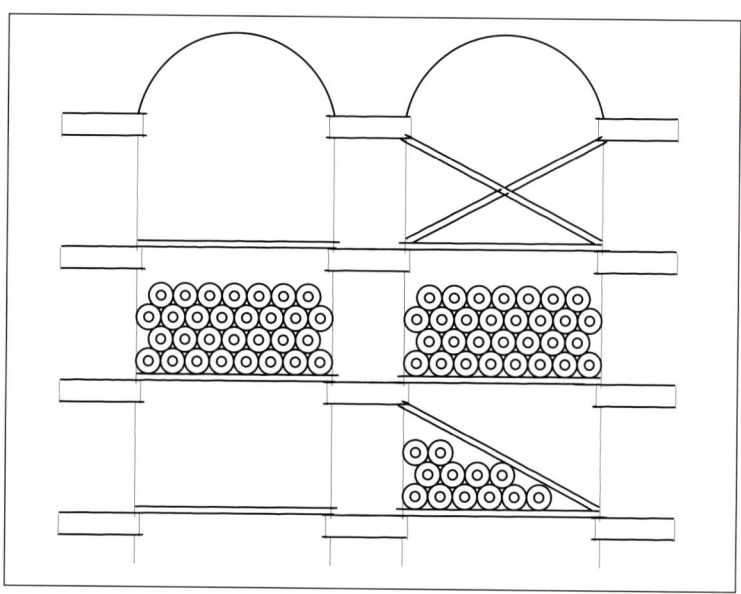

„Urbanus"

Bei diesem Weinregal werden die Ziegelwände immer wieder von horizontal verlaufenden Holzbrettern unterbrochen.

Die Waagrechte wird betont. Das Regal wirkt sicher und „bodenständig".

Es lässt sehr schmale, hohe Räume niedriger wirken, indem die Breite betont wird. (Skizze 1)

Was das Material selbst betrifft, kann man den Ziegel verputzt oder unverputzt lassen. Da das Holz hier besonders gut zur Geltung kommt, empfiehlt sich die Verwendung heimischer Hölzer mit auffallender Maserung, wie z. B. Nuss oder Eiche.

Die durchgehenden Holzbretter können vorne, an der Regalfront bündig oder vorspringend verarbeitet werden. Letztere Variante eignet sich

ideal zum Abstellen von Flaschen und Gläsern oder zur Ablage eines Kellerbuches. (Skizze 2)

Wer will, kann sein Regal im unteren Bereich auch tiefer gestalten als im oberen. Dann lassen sich hier z. B. Flaschen auch gegengleich stapeln. (Skizze 4) Eine weitere Möglichkeit ist, hier Kisten, z. B. aus Holz oder Metall, auf Rollen unterzubringen. Darin lassen sich auch andere Getränke, Verpackungsmaterial oder wiederum Weinflaschen einlagern. (Skizze 5)

Bei dieser Variante sind die Fachgrößen mehr oder weniger fix. Bei der Herstellung lassen sich unterschiedliche Breiten mauern. (Skizze 3) In ihrer Höhe können sie allerdings nicht verändert werden, was das Regal jedoch sehr einheitlich wirken lässt. Will man einmal wirklich ein Fach unterteilen, lässt sich dies leicht durch ein diagonales Holzbrett erreichen.

Das Regal kann vom Boden bis zur Decke reichen.

Übersichtliches Regalfach mit Fachnummer und symbolhafter Flasche davor

Bei echten Gewölben, anderen gewölbten Decken, wie z. B. Traversendecken und Holzdecken, oder auch niederen Decken empfiehlt es sich, das Weinregal nicht bis ganz unter die Decke zu bauen.

Die Regalhöhe sollte für Jedermann erreichbar sein

Was den oberen Abschluss des Regals betrifft, bieten sich zwei Möglichkeiten an. Wird auf die letzten Ziegel keine abschließende Holzplatte gelegt, wirkt das Regal leichter und der Übergang zur Decke ist nicht so hart.

Erfolgt der Abschluss mit einer letzten durchgehenden Holzplatte, wirkt das Regal wie eingerahmt. Außerdem eignet sich das so entstandene Fach besonders gut zur Unterbringung von leeren Kartons oder Weinflaschen in Holzkisten.

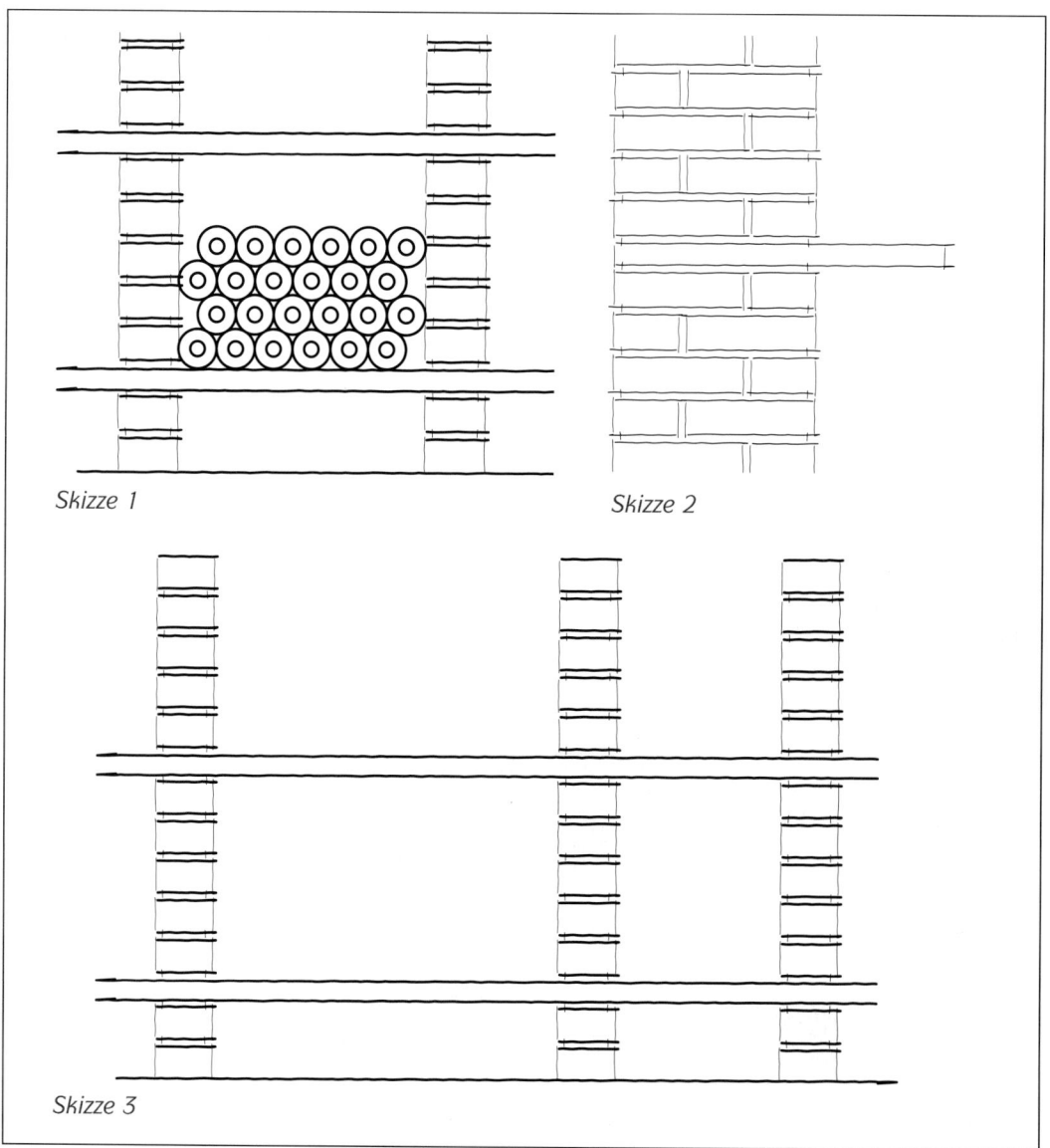

Skizze 1

Skizze 2

Skizze 3

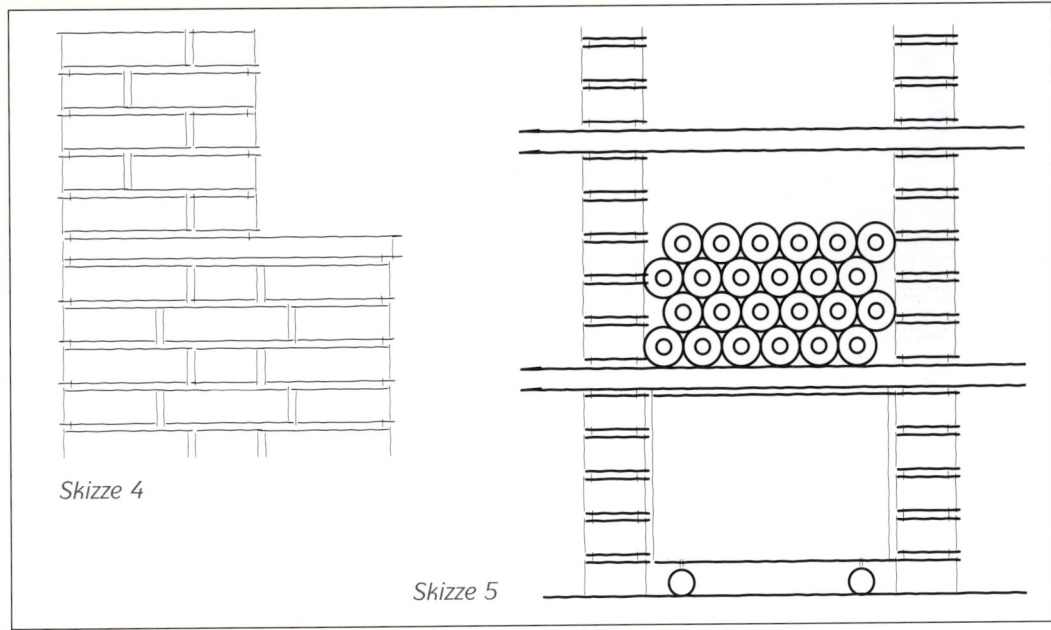

Skizze 4

Skizze 5

„fix & fertig Ziegel"
Weinlagerziegel-Elemente und Tonziegelröhren

Die mit Sorgfalt ausgewählten Weine verlangen eine fachmännisch ele-
gante Lagerung. Das Naturprodukt Ziegel bietet dem Wein aufgrund seiner physikalischen Eigenschaften die besten Voraussetzungen bei der
Lagerung. Bei diesem System stehen mehrere Formen von Ziegelele-
menten zur Auswahl, die untereinander auch kombinierbar sind, so dass
unterschiedlichste Formen und Gebilde entstehen können. Der Ziegel

*Tonziegelröhren sind
einfach und schnell
aufgebaut ...*

... und lassen sich individuell gestalten!

schützt die Flaschen vor Licht und bildet gleichzeitig ein vertrautes, heimeliges Bild. Jede Flasche liegt separat, was vor allem für Rheinwein (Schlegelflasche) und Burgunderflaschen Vorteile im Stapeln und eine Fachgrößenunabhängigkeit bringt. Das System ist sehr einfach und rasch aufgebaut, es bedarf keiner zusätzlichen Hilfsstoffe oder Arbeitsschritte, um eine Stabilität zu erzeugen und kann in Bezug auf optische Aspekte ein toller Aufputz sein. Ein Nachteil ist sicher das Nichteinsehen des Etiketts, das zu einer häufigeren Bewegung (Suchvorgang) der Flaschen führt. Dadurch wird die nötige Ruhe des Weines gestört. Abhilfe schafft ein Etikett am Flaschenhals.

Die Weinregal-U-Schale
Flächenbedarf: 11,5 Stück/m² (ohne Freiräume zum Einlegen von Regalböden). Die Länge von 30 cm entspricht einer Standard-1-Liter-Weinflasche bzw. einer langen 0,75-Liter-Weinflasche.

Der Weinregalziegel 6-Loch
Flächenbedarf: 11,5 Stück/m² (ohne Freiräume zum Einlegen von Regalböden). Durch Nuten an allen vier Seiten können Regalböden bis zu einer Stärke von 2 cm in der gewünschten Höhe eingelegt werden.

Der Weinregalziegel 9-Loch
Flächenbedarf: 8,7 Stück/m² (ohne Freiräume zum Einlegen von Regalböden). Durch Nuten an beiden Seiten können Regalböden bis zu einer Stärke von 2,5 cm in der gewünschten Höhe eingelegt werden.

Der Weinregalziegel Ornament
Flächenbedarf: 18 Stück/m² (ohne Freiräume zum Einlegen von Regalböden)

Der Weinregalziegel Bocksbeutel
Flächenbedarf: 18 Stück/m²

Diese Weinlagerziegel sind auch mit Holzbrettern zu einem Regal kombinierbar. Leider braucht dieses System verhältnismäßig viel Platz. Außerdem ist es unübersichtlich. Will man wissen, um welchen Wein es sich handelt, muss die Flasche, falls sie nicht gut sichtbar (z. B. am Flaschenhals) beschriftet wurde, bewegt werden. Regale aus Drainagerohren können in Mörtel verlegt oder eingegipst werden.

Vorteil	atmungsaktives Material
Nachteile	braucht viel Platz
	unübersichtlich
	Flaschen müssen bewegt werden

HydroTon

Das Regal „HydroTon" besteht zum Großteil aus Blähton, bekannt auch
unter dem Kürzel „Leca" (lightweight expanded clay aggregates). Dieser
wird aus kalkarmem Ton gemahlen, granuliert und gebrannt und besitzt
die Eigenschaft, Feuchtigkeit aufzunehmen und auch wieder abzugeben.
Dazu ist dieses System leicht und besitzt aufgrund der Form der Grundelemente eine ausreichende Stabilität. Es lässt sich den Bedürfnissen
Ihrer Weinsammlung optimal anpassen. Übersichtlich und praktisch bietet es Ihrer einzelnen Weinrarität genauso Platz wie allen 50 Flaschen
ihres „Lieblingsweines". Dabei liegen die Flaschen in flaschengerechten
Kuhlen absolut rollsicher. Die Fachböden gibt es in den Breiten 60 cm
und 99 cm. Die Abstände zwischen den Fächern können mittels der un-
terstützenden Seitenlagersteine variiert werden. Als optisch ansprechenden Abschluss kann obenauf eine Arkade aus zwei gewölbten Elementen gebildet werden.

Für Flaschen, die besser stehend gelagert werden, wie beispielsweise
der „Tokajer", wendet man die Fachböden einfach mit der ebenen Fläche
nach oben. Die Grundelemente sind in hellem Bordeauxrot gehalten und
passen somit in jede Umgebung. Als entscheidender Vorteil dieses Sys-
tems kann die hohe Stabilität und Flexibilität angesehen werden. Es ist
einfach aufzubauen und jederzeit zu erweitern. Dazu gibt es eine Reihe
von Zubehör, das einerseits einen individuellen Stil ermöglicht und andererseits die Übersichtlichkeit deutlich verbessert.

*Hydro-Ton-Regale lassen
sich individuell gestalten!*

Beispiele aus Naturstein

Material und Eigenschaften

Als Naturstein bezeichnet man Steine, die man in der Natur vorfindet.

Es gibt eine Vielzahl von Steinarten mit einer ebensolchen Vielfalt von Farben und Strukturen.

Auch ihre Festigkeit ist unterschiedlich. Sie reicht vom weichen Marmor bis zum harten Granit. Die Bearbeitung des Steines erfolgt vielfach handwerklich, ist aber grundsätzlich abhängig von der Gesteinsart sowie vom gewünschten architektonischen Aussehen. Die Oberflächen werden geschnitten, geschliffen, sandgestrahlt und poliert angeboten.

Achtung: Kalkhaltige Natursteine wie Marmor sind säureempfindlich.

Naturstein ist im Vergleich zu Ziegel kein Feuchtepuffer. Daher sind hier die Stärke und das Material der Fuge umso entscheidender.

Vorteile	hohe Druckfestigkeit
	gute Wärmespeicherfähigkeit
	schnelle Bauweise
	brandbeständig
	fäulnis- und verrottungssicher
	resistent gegen Schädlinge
	natürliches Material
	große Farbauswahl
	widerstandsfähig
	unbegrenzte Lebensdauer
	jede Maßanfertigung möglich
	optisch ansprechend
Nachteile	hohe Anschaffungskosten
	schwer
	wirkt kühl
	meist nicht atmungsaktiv

„Sandyline" bietet Flexibilität und rustikales Aussehen

„Stoana"

Ähnliche Regalformen wie aus Ziegel lassen sich auch aus Naturstein herstellen. Der Stein kann dabei sowohl für die tragenden Teile als auch für die Regalböden verwendet werden. Ein Weinregal aus Naturstein wirkt edel und hält ewig. Es ist aber auch kostenintensiver als andere Regale. Besonders große Platten für durchgehende Regalböden sind teurer und schwerer zu bekommen.

Besonders gerechtfertigt ist der Einsatz dieses Materials in Gegenden, in denen ein besonderer Naturstein auch vorkommt – wie z. B. Stainzer-Platten in der Weststeiermark.

Die Steine können geschnitten oder nur grob behauen werden. Bei ersterer Variante wirken die Regale schlicht und streng. Exakte Regalgrößen sind machbar. Werden die Steine nur behauen, wirkt das natürlich und urig. Die Verlegung ist allerdings mit unregelmäßigen Elementen schwieriger und aufwändiger. Die Fächer werden zwangsläufig auch unregelmäßiger.

> Bei diesem Material ist der Kalkanteil der Fuge besonders wichtig für das Raumklima des Weinkellers. Aber auch seine desinfizierende Wirkung ist nicht zu vernachlässigen.

„Fast Natur pur"

Stein lässt sich auch gut und wirkungsvoll mit anderen Materialien kombinieren. Werden die tragenden Seitenteile aus Naturstein gefertigt, können die Regalböden z. B. aus Holz, Glas oder Ziegel-Fertigstürzen, wie sie als Überlager für Fenster verwendet werden, hergestellt werden.

Besonders ansprechend ist hier die Kombination aus groben Seitenteilen und exakt gefertigten Fachböden.

Durch den geringeren Natursteinanteil wird das Regal auch kostengünstiger.

Naturstein ergänzt mit massiven Holzregalböden

„fix & fertig Naturstein"

Fertigsysteme aus Natursteinen lassen sich leicht zu stabilen und hohen Regalen zusammenbauen und sind in verschiedensten Größen und Formen erhältlich. Meist gibt es dazu Spezialteile, wie schmiedeeiserne oder gläserne Türen, Weintresore für besondere Flaschen, Fachteiler und vieles mehr. DURISOL ist eines der gebräuchlichsten Systeme mit vorgefertigten Bausteinelementen. Das Grundmaterial ist ein Naturbaustoff aus mineralisch gebundenen Holzspänen. Die porige, diffusionsoffene Struktur vermittelt einen rustikalen Eindruck, ist leicht, stabil und feuchtigkeitsbeständig und bietet dadurch ideale Voraussetzungen für die produktgerechte Lagerung von Wein. Zusätzlich besteht die Option – und damit auch die Möglichkeit der individuellen Gestaltung seines eigenen Weinregals – Einzel- und Doppelflaschenhalter, Etikettenschoner, Beschriftungsrahmen und Türelemente miteinzubauen.

Beispiele aus Holz

Material und Eigenschaften

Holz ist einer der ältesten bekannten Baustoffe und steht an Haltbarkeit und Funktionsfähigkeit anderen Baustoffen nicht nach. Werden alle Aspekte wie konstruktiver Holzschutz, Trocknung, Lagerung und Schlägerungszeitpunkt beachtet, ist Holz ein langlebiger, nahezu unbegrenzt haltbarer Baustoff. Holz hat hervorragende Wärmedämmeigenschaften. Das ist deshalb so wichtig, weil bei hoher Raumfeuchtigkeit an den Konstruktionsteilen kein Kondensat entsteht. Die Weinflaschen können also nicht durch abtropfendes Wasser gefährdet werden. Holz nimmt überschüssige Feuchtigkeit in hohem Maße auf und gibt diese langsam an die Umgebung wieder ab. Es wirkt somit klimatisierend.

Holz ist als natürlich gewachsener Baustoff außerdem vollständig abbaubar und recyclebar.

Man unterscheidet zwischen Weichhölzern, wie Fichte, Tanne oder Pappel, und Harthölzern, wie Eiche oder Buche. Dazwischen liegen Kiefer, Lärche, Erle und Esche.

Fehler bei der Behandlung und Verwendung des Holzes können den Wert stark herabsetzen. Deshalb ist es wichtig, das Holz vor verschiedenen Einflüssen zu schützen. Gegen Pilze und Insekten hilft gutes Austrocknen.

Vorteile	hohe Druck- und Biegedruckfestigkeit
	leichter Baustoff
	trockene Bauweise
	schnelle Bauweise
	leicht zu bearbeiten, montieren, ändern
	korrosionsbeständig
	günstige Herstellungskosten
	heimischer Baustoff
	nachwachsender Rohstoff
	angenehmes Raumklima
	ansprechende Naturfarbe
Nachteile	Schwinden und Quellen (= Bewegung des Materials)
	nässeempfindlich
	pilzgefährdet bei Feuchte

Aus Gründen der Geruchsvermeidung sollte man keinen Anstrich verwenden.

Wer sich preisgünstig aus massivem Vollholz selbst ein Weinregal zimmert, sollte unbedingt auf Stabilität achten.

Das klassische Regal besteht aus Holzleisten oder Holzlatten, wird mit einem wasserfesten Leim verklebt und zusätzlich noch (evt. verdeckt) geschraubt.

„Kreuz & Quer"

Dekorativ und formschön ist dieses einfache Weinregal aus Holz. Es besticht durch seine einheitliche Materialwahl und die Symmetrie der einzelnen Fächer. Die schräge Ausrichtung bringt jedoch auch ein bisschen Spannung in die Konstruktion.

Das Regal besteht aus neben- und übereinander liegenden quadratischen Elementen, die aus ihrer waagrechten Lage um 45° gekippt werden. (Skizze 1)

Durch die aufgestellte Form liegen die Flaschen immer stabil

Beim verwendeten Material handelt es sich um Holz oder Holzwerkstoffe. Die Wahl hängt von Faktoren wie der Konstruktion, der Stapelhöhe, der Anzahl der Flaschen und damit deren Gewicht, aber auch von der erwünschten Materialstärke ab.

Die Flaschen lassen sich hier gut stapeln und bleiben – auch wenn das Fach nur mehr teilweise bestückt ist – in ihrer ursprünglichen Lage. Die Seitenlänge der einzelnen Quadrate richtet sich nach der Anzahl der zu lagernden Flaschen. Werden viele Flaschen eines Weines eingekauft, können die Fächer durchaus größer sein und 12–18 Flaschen Platz bieten. Kauft man max. 6 Flaschen einer Sorte, können die Fächer entweder generell kleiner dimensioniert werden, oder sie werden mittels Fachtrennern unterteilt.

Dieses Regal lässt sich auch in nicht mehr benutzte Türöffnungen oder zugemauerte Fensternischen einbauen.

Für die Fachteiler wird zwecks der Einheitlichkeit ebenfalls Holz verwendet. Die Bretter können entweder nur bei Bedarf in das Fach eingeschoben oder fix eingebaut werden. Bei der ersten Variante kann so die Fachgröße flexibel dem Bestand angepasst werden. Bei der zweiten kann man ein einheitlicheres Bild des Regalrasters erreichen, wenn sowohl die Trennwände der einzelnen Fächer als auch die Fachteiler aus gleich starkem Holz hergestellt werden. Man muss jedoch darauf achten, dass bei kleineren Fächern die Materialstärke nicht zu groß ist und bei einer Fachteilung noch geeignet große Einheiten an Wein Platz haben. (Skizze 2)

Einfach schön – schön einfach am Cobenzl (links), Schloss an der Eisenstraße (rechts)

Sind die Fächer entsprechend groß oder die Trennelemente der Fächer kürzer als die Seitenteile, dann lässt sich eine einzelne Flasche zur Dekoration hineinlegen.

Diese Regalvariante lässt sich vom Boden bis zur Decke gleich gestalten. Der obere Abschluss kann mit einem Brett beendet werden oder die Quadrate können spitz auslaufen. Das hängt von der Wirkung ab, die man dabei erreichen möchte – abgeschlossen oder offen. Mit entscheidend ist aber auch die Ausbildung der Kellerdecke, ob ein Gewölbe vorhanden ist oder nicht. Wer will, kann das Regal auch mit einer anderen, vielleicht waagrechten, Variante kombinieren oder nur einzelne Elemente herstellen.

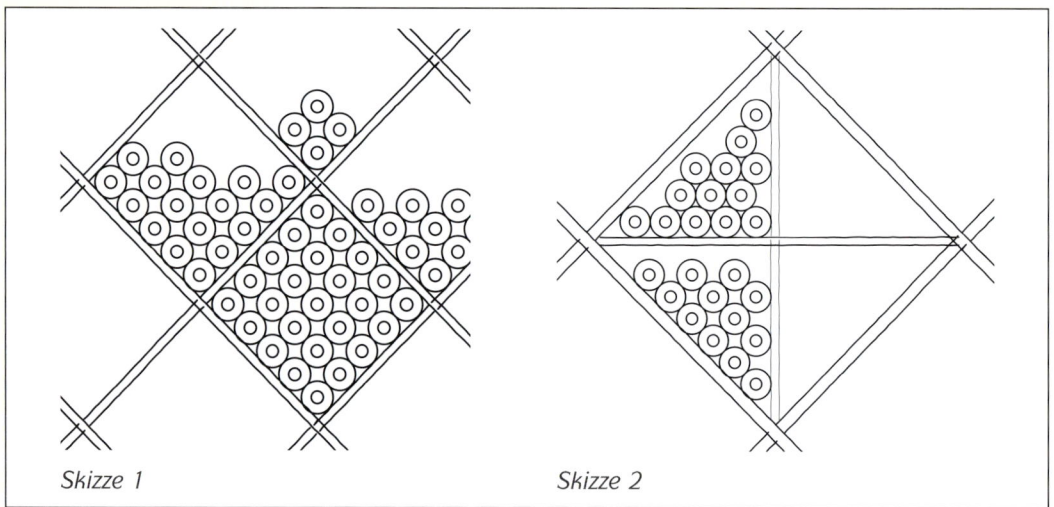

Skizze 1   *Skizze 2*

„Box"

Dieses Regal ist einfach und schön in seiner Form und Konstruktion. Es besteht aus waagrechten und senkrechten Holzbrettern, die zu Quadraten oder Rechtecken verbunden werden.
Dabei spielt es sowohl optisch als auch konstruktiv eine Rolle, ob die vertikalen Steher oder die horizontalen Bretterböden durchgehend gestaltet werden. (Skizzen 1 und 2)
Als Material eignet sich Vollholz. Dieses muss allerdings dementsprechend dimensioniert werden, um sich nicht unter der Last zu biegen. Weiters eignen sich für dieses Regal auch Ein- und Mehrschichtplatten sowie andere Holzwerkstoffe. Diese sind meist stabiler.
Die Größe der einzelnen Fachelemente richtet sich in erster Linie nach der Anzahl der Weinflaschen, die man darin unterbringen möchte. Man

Ideal sind Fächer für 6 oder 12 Flaschen, also in der Größenordnung der Kartons.

sollte sich überlegen, wie viele Flaschen einer Sorte man meistens kauft. Natürlich kann man aus statischen und anderen Gründen auch kleinere oder größere Fächer bauen.

Für die Unterbringung von besonderen Einzelflaschen oder Magnums bietet es sich auch an, den Fachraster so klein zu wählen, dass gerade eine Flasche darin Platz hat. Das ist zwar etwas aufwändig in der Herstellung und erfordert genaues Arbeiten, ergibt aber optisch ein ansprechendes Muster und kann für besondere Weine ein durchaus lohnenswerter Aufwand sein. So weist das Regal schon ein bisschen auf den höheren ideellen oder materiellen Wert hin, den die darin gelagerten Flaschen vielleicht haben. Außerdem sind sie noch besser lichtgeschützt als in größeren Fächern.

Rustikal; Landhauskeller, Graz (l.o.)
Funktionell; Gesamt-steirische Vinothek, St. Anna/Aigen (r.o.)
Gediegen; Lackner-Tinnacher, Steinbach (l.u.)
Stilelemente; Neumeister, Straden (r.u.)

Sie sollten die Flaschen vielleicht mit Etiketten versehen oder ihre Lage (z. B. Fach C3) in einem Kellerbuch vermerken, damit man bei der Suche nicht andere Flaschen herausziehen muss.

Auf jeden Fall sollte das Regal stabil und standfest gebaut sein, da ein gefülltes Weinregal ein hohes Gewicht erreichen kann. Eine 7/10l-Flasche wiegt immerhin um die 1,3 kg.

Will man sein Regalfach in kleinere Einheiten teilen, kann man dies natürlich parallel oder diagonal zu den bestehenden Brettern tun. Sowohl die Wirkung als auch die Anzahl der untergebrachten Flaschen sind immer eine andere und daher zu überlegen. Bei beiden Varianten werden als Trennelemente einfach wieder Bretter verwendet. (Skizze 3)

Auch bei diesem System kann man bei jedem Fach einen Platz für eine Einzelflasche vorsehen, um gleich zu sehen, was drinnen ist.

Wer will, dass seine Flaschen besonders gut liegen, kann quadratische Kanthölzer auseinander schneiden und auf dem Fachboden befestigen. Dann hat jede Flasche der untersten Reihe ihren fixen Platz und kann auch nicht verrutschen, wenn nur mehr wenige Flaschen vorhanden sind.

Bei wenig Platz, z. B. hinter einer Tür, können bei dieser Regalform die Flaschen in einem schmalen Regal auch stehend gelagert werden.

Variante
Ein in der Wirkung ähnliches Regal lässt sich auch aus Einzelelementen errichten. Dabei werden u-förmige Fächer gebaut und übereinander gestapelt. (Skizze 4) Die Fächer können unterschiedlich groß sein und für liegende und einzeln stehende Flaschen konzipiert werden. Sie werden mittels Dübeln, Metallstiften oder Metallwinkeln miteinander verbunden. Das Besondere an dieser Variante ist, dass sie beliebig erweiterbar ist, eine Art selbst gebautes Modulsystem.

In demselben System lassen sich natürlich nicht nur gerade und symmetrische Regale bauen. Auch Sechsecke oder andere Vielecke sind möglich. Man sollte sich nur überlegen, ob sich der Aufwand auch lohnt.

Rutschsicher: kantiges Wellenprinzip

Exklusive „Einzelhaft" (links)
Flexible Fächerteilung für große und kleine Weinmengen (rechts)

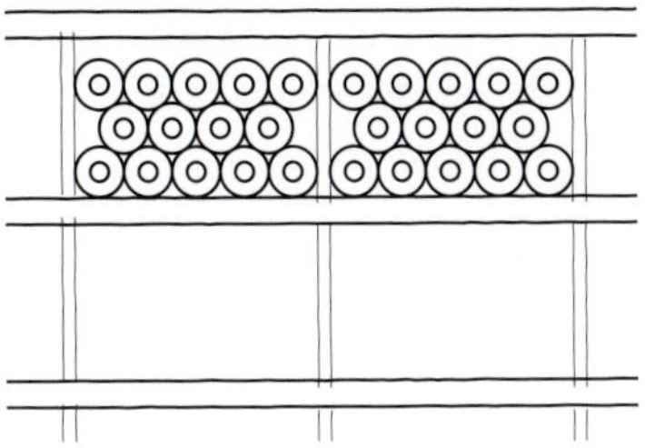

Skizze 1

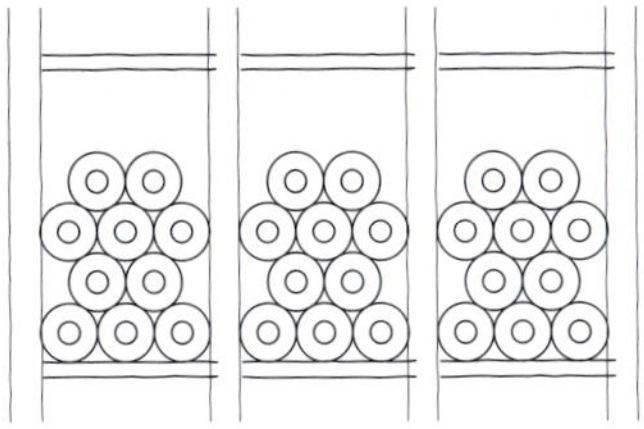

Skizze 2

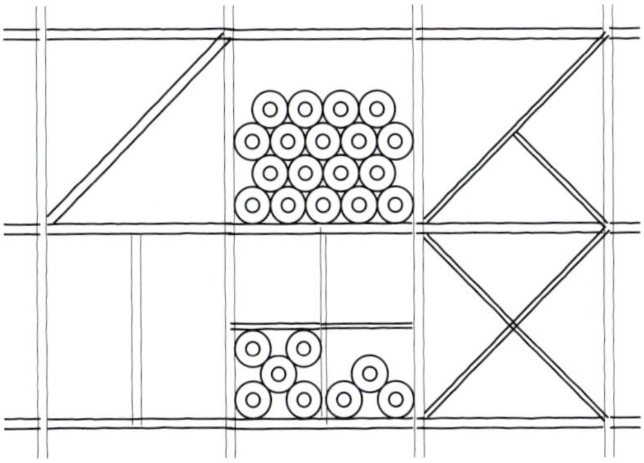

Skizze 3

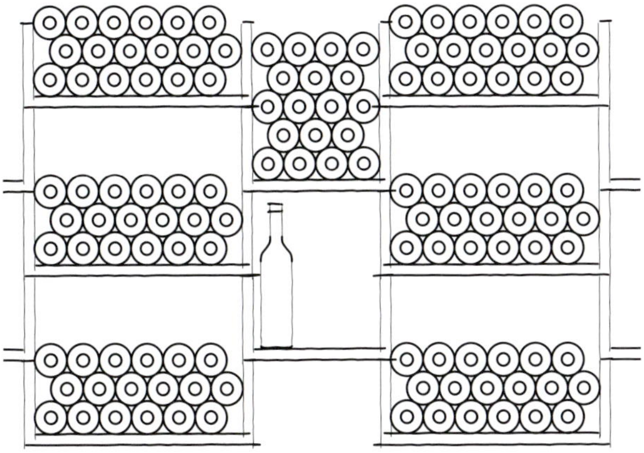

Skizze 4

Stehende Lagerung: guter Überblick, schlechtes Lagerpotenzial

Praktisch; Lagerung in originalen Holzkisten

Massiv ausgeführte Verzinkung

Weinturm zu Mitteregg; Pichler-Schober

„Die Quadratur des Kreises"

Vier gleich große Stücke Holz werden hier zu einem Quadrat zusammengebaut. Es entsteht eine Kiste ohne Boden und Deckel – ein Rahmen, nicht für ein schönes Bild, sondern für schönen Wein.

Wichtig ist, dass man sich gut überlegt, wie viele Flaschen in einem Fach Platz haben sollen, denn danach richtet sich klarerweise die Seitenlänge des Quadrates. Im Idealfall lagert man Wein einer Sorte in einem Fach. (Skizze 1) Sammelt man jedoch viele verschiedene Weine und von denen jeweils nicht genug, um ein ganzes Fach zu füllen, erweist sich dieses System mit einem größeren Raster eher als umständlich und wahrscheinlich ungeeignet. Selbst wenn man Ordnung hält und weiß, wo die gesuchte Flasche liegt, muss man andere Flaschen bewegen, um zu ihr zu gelangen.

Die einzelnen Kisten können im einfachsten Fall stumpf gestoßen und im Winkel von 90° miteinander verbunden werden. Möglich ist es aber auch, die Bretter auf Gehrung, also schräg zusammenzubauen oder miteinander zu verzinken. Letztere ist sicher die aufwändigste, aber vielleicht auch schönste Variante.

Die einzelnen Boxen werden dann mittels Metalldübel oder anderer formschöner Verbindungen auf- und nebeneinander gestapelt. Wichtig ist, dass die Boxen nicht direkt am Boden stehen, sondern Luft bekommen. Auch zwischen den einzelnen Elementen soll ein Abstand bleiben, sonst geht die Wirkung verloren.

Wer Ordnung und Symmetrie viel abgewinnen kann, kann die Flaschen auch übereinander stapeln. Das funktioniert jedoch nur, wenn die Boxen kaum Spielraum haben, also genau bemessen und hergestellt sind, und dann auch nur, solange noch eine volle Reihe im Regal liegt. Sobald eine Flasche herausgenommen wird, rutschen die anderen in die Zwischenräume der darunterliegenden Reihe. Und aus ist es mit der Ordnung im System! (Skizze 2)

Dieses Regalsystem ist ideal für wachsende Sammlungen. Es lässt sich einfach erweitern und anbauen.

In Kombination mit Türen müssen eventuell vorhandene Fachböden etwas kürzer sein, sollte die Tür bündig mit dem Regal schließen.

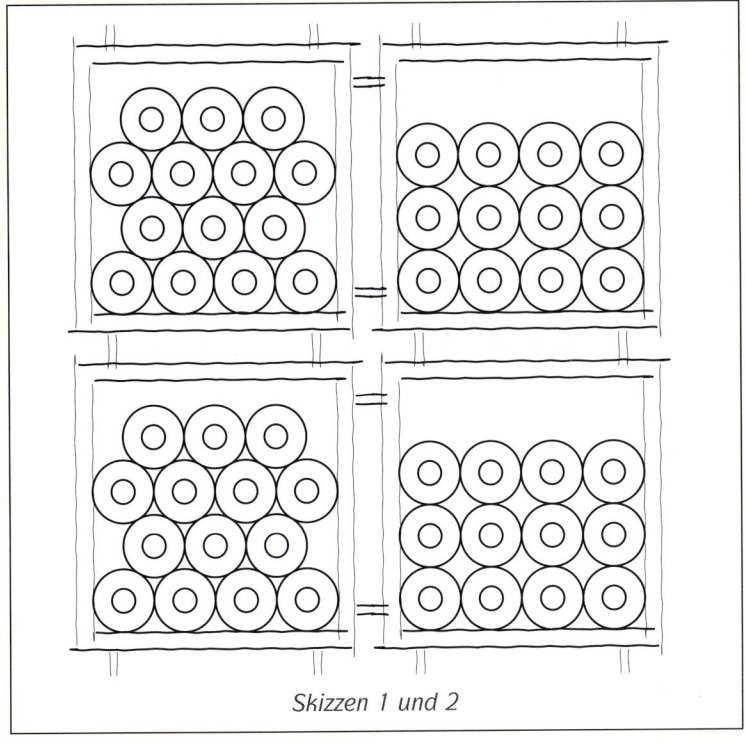

Skizzen 1 und 2

*Maßarbeit;
Frühwirt Klöch*

„Dornröschen"

Egal, was einem besser gefällt – ein gerades oder ein schräges Holzregal – dieses System lässt sich für beide anwenden. Es ähnelt einem Spalier oder Rankengitter. Die Holzbretter der Regalseitenteile werden hier in Kanthölzer aufgelöst. Es wirkt leicht, ist einfach in seiner Konstruktion, kostengünstiger und lässt sich schnell selbst herstellen.

Bei der parallel zum Boden verlaufenden Variante werden horizontale und vertikale Kanthölzer im Wechsel zusammengeschraubt. Die Materialstärke entspricht in etwa der von Dachlatten. (Skizzen 1, 2 und 3, Seite 88) Bei geringeren Querschnitten können zur Unterstützung der Konstruktion und zur Aussteifung der Ecken noch Sattelhölzer angebracht werden.

Um ein rückwärtiges Hinunterfallen von Weinflaschen zu verhindern oder aus optischen Gründen, kann aus diesen Kanthölzern in Verbindung zu den Regalseitenteilen auch eine Regalrückwand errichtet werden. Das ähnelt einer so genannten Spaceboard- oder Lückenschalung, wie sie für einfache Wirtschaftsgebäude verwendet wird.

In diesem System ist – wie schon erwähnt – auch eine schräge Regalform möglich. Das Prinzip ist dasselbe, die Hölzer werden lediglich diagonal verwendet.

*Kantholzkonstruktion zum
Selberbauen*

Auch Unterteilungen der Fächer in kleinere Einheiten lassen sich im gleichen System lösen.

Variante

Dieses System kann auch mit weniger Kanthölzern auskommen. In der Regel reichen zwei vertikale Hölzer als Steher, wie zwei waagrechte, die die Weinflaschen tragen, und zur Aussteifung und Verbindung der beiden Konstruktionsrahmen kurze Querstreben. Die Holzelemente in drei Ebenen werden dann miteinander verschraubt. (Skizzen 4, 5 und 6)

Einfache Bauweise (links), aufwändiger Spezialeffekt (rechts)

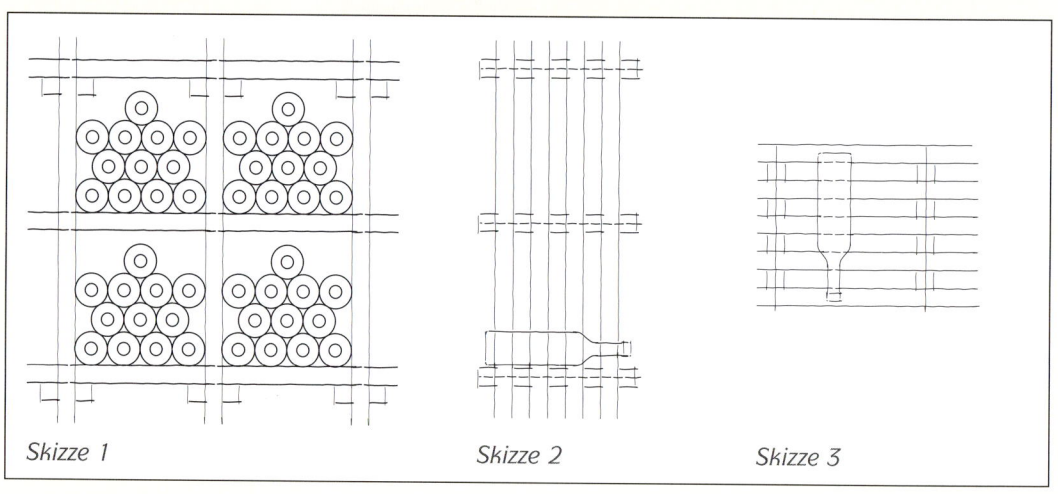

Skizze 1　　　　　　　　　　　*Skizze 2*　　　　　　*Skizze 3*

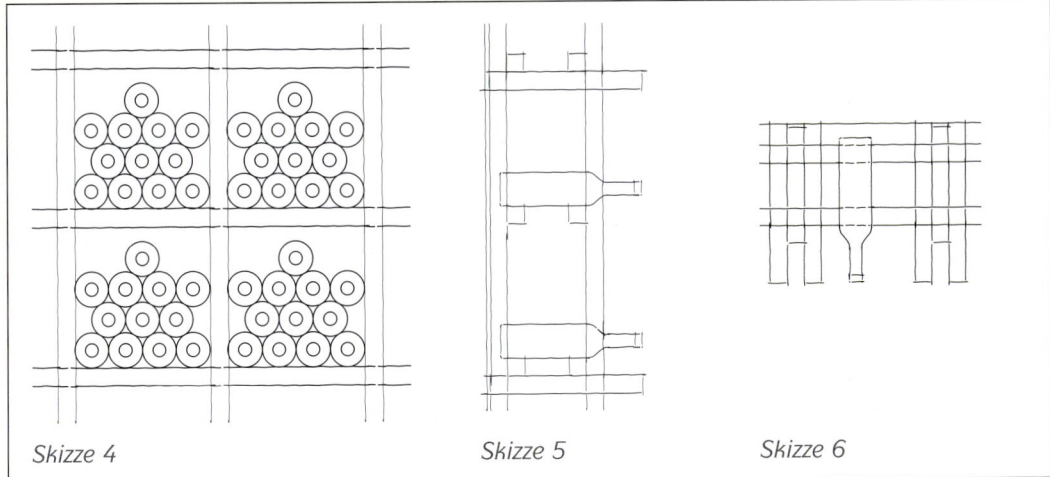

Skizze 4   Skizze 5   Skizze 6

„Weinge-Lage"

In einer Linie liegen die Weinflaschen in diesem Regal. Diese Variante ist trotz oder gerade wegen ihres höheren Materialverbrauchs eine der effektvollsten und edelsten. Sie ist vielleicht für große Weinbestände etwas aufwändig, eignet sich aber durchaus für eine kleinere Sammlung oder Teile einer solchen. (Skizze 1)

Wichtig ist, dass darauf geachtet wird, dass die Bretter exakt parallel montiert werden. Jede kleine Ungenauigkeit bemerkt man hier sofort. (Skizze 2)

Dieses Regal kann z. B. in Wandnischen eingepasst werden. Trifft dies nicht zu, muss man – um ein seitliches Herausrollen der Flaschen zu verhindern – ein vertikales Brett anbringen. Das sollte allerdings nur schmal ausgeführt sein, um die Feinheit und besondere Wirkung der Konstruktion nicht zu zerstören. (Skizze 3)

Bei diesem Beispiel ist die Wahl des geeigneten Holzes besonders wichtig, denn gerade bei stärkeren Holzbrettern sind die Farbe und die Maserung entscheidend.

Stilelement; Frühwirt

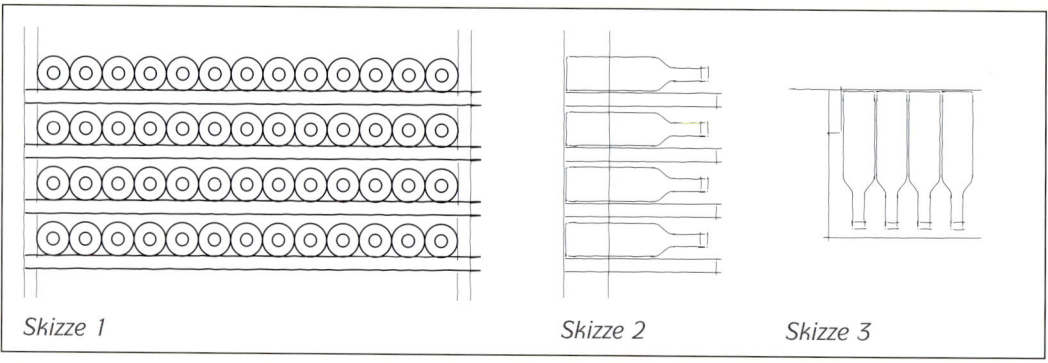

Skizze 1   *Skizze 2*   *Skizze 3*

„Stelzenlauf"

Dieses Regal wird aus einzelnen Modulen zusammengesetzt und verschraubt. Es ist daher leicht zu erweitern. Bei Bedarf stockt man es einfach auf.

Es besteht aus Holz, das im einfachsten Fall sägerau ist, aber auch
gehobelt verwendet werden kann.

Ein Element besteht aus drei Brettern. Zwei bilden die Tragkonstruktion, eines den Boden. Die Höhe der Seitenteile richtet sich nach der gewünschten Stapelhöhe, die Länge des Fachbodens danach, wie viele Flaschen in einer Reihe Platz finden sollen. Die einzelnen Module werden
mit Holzlaschen zusammengeschraubt. Diese sollen ein seitliches Kippen der Elemente vermeiden, einen sicheren Stand auch bei größeren
Stapelhöhen garantieren und natürlich das Fach mit den Weinflaschen
tragen. Sogar unter dem letzten Element lassen sich auch zwei Laschen
anbringen. Diese verstärken das Auflager. (Skizzen 1 und 2)

Wird nachträglich – bei bereits gut gefülltem Weinregal – ein Modul
aufgesetzt, ist es sinnvoll, zuerst die Laschen an dem Seitenteil des bereits vorhandenen Faches anzubringen und dann den neuen Fachboden
darauf zu legen. Natürlich kann das Regal nicht nur in die Höhe, sondern
auch in die Breite wachsen.

Wem die Ausbildung mit den Laschen zu grob ist, der kann die Seitenteile auch mittels Metallstiften übereinander befestigen. Die Fachböden lassen sich auch mittels Winkel montieren. (Skizze 3)

Auch hier gilt, was für fast
alle Regale wichtig ist:
Nicht auf die Aussteifung
vergessen!

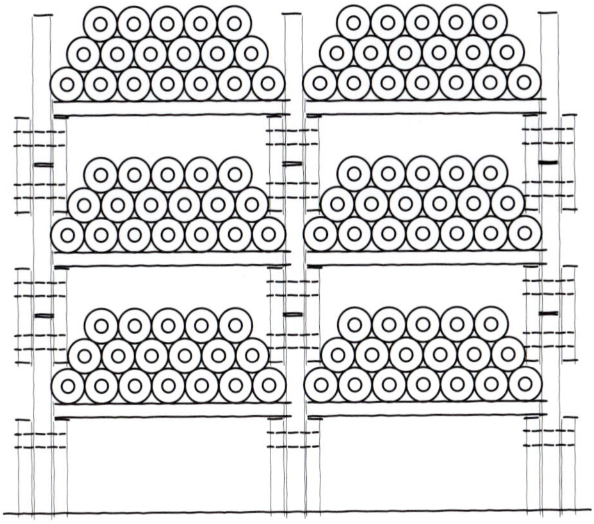

Skizze 1

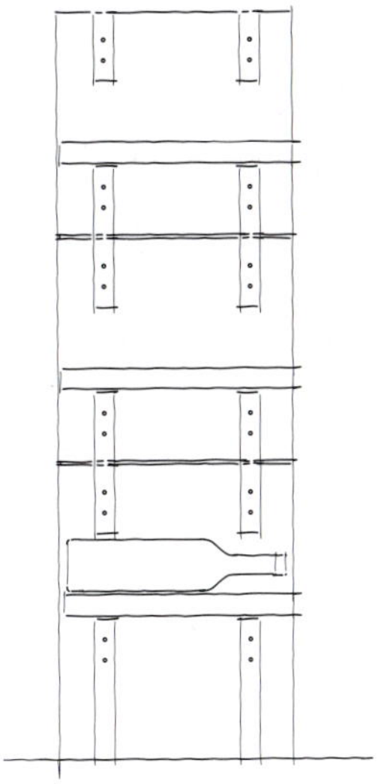

Skizze 2

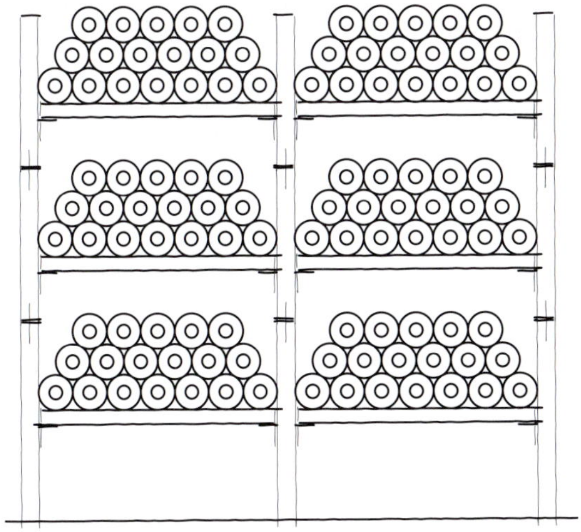

Skizze 3

„Gaunta"

Eine der einfachsten Varianten ist sicher diese hier. Das Regal besteht
ausschließlich aus Holz. An das Material werden, was die Maserung und
Oberflächenbehandlung betrifft, keine großen Ansprüche gestellt. Es ist
einfach in seiner Konstruktion und Herstellung. In seiner Art erinnert es
ein bisschen an die einfachen vierkantigen Holzträme, auf denen die großen Fässer und die kleineren Barriques in Weinkellern lagern. Diese Kon-

struktion wird in der steirischen Mundart „Gaunta" bzw. in der Fachsprache „Ganter" genannt.

Das Regal besteht aus durchgehenden waagrechten und unterbrochenen senkrechten Holzbrettern. Diese können unter dem Regalboden mittels Metallwinkel oder in die Ecken geschraubter oder genagelter Kanthölzer zu einem Raster verbunden werden. (Skizze) Über dem Regalboden halten halbierte Pfosten die aufrechten Bretter oder Regalsteher. Diese dreieckigen Hölzer dienen nicht nur der Aussteifung und damit Festigkeit des Regals, sondern unterteilen auch das Fach. Somit lassen sich verschiedene Sorten und Jahrgänge einfach und übersichtlich unterbringen. Wichtig ist es, das einfache Holzregal aus dem eventuell feuchteren und kühleren Bodenbereich herauszubringen. Das lässt sich einfach lösen, indem das erste Brett z. B. auf eine geteerte Eisenbahnschwelle oder ein einfaches Ziegelfundament gestellt wird.

Holzfässer lagern traditionellerweise auf Gantern

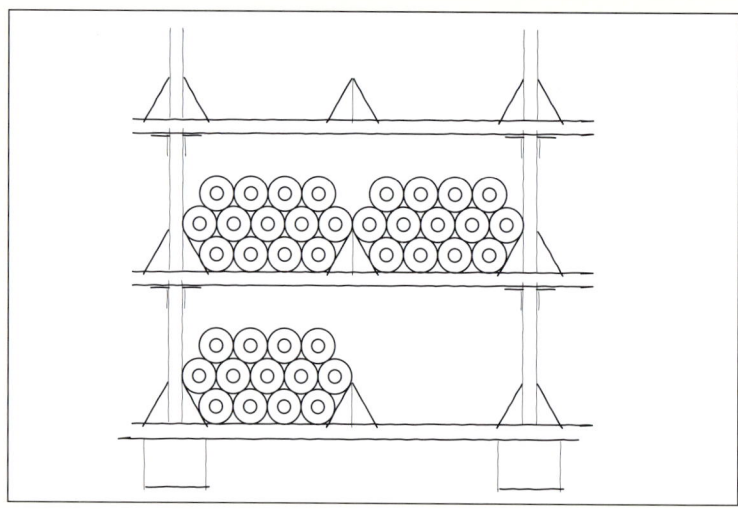

„Alles im Rahmen"

Ebenfalls eine sehr einfache Möglichkeit, ein Weinregal zu bauen, ist diese Lösung. Der Vorteil ist, dass nur mit einem Material gearbeitet wird und sich die Konstruktion leicht selbst herstellen lässt. Es kann gut an unebene Böden angepasst werden und ist kostengünstig in seiner Herstellung.

Es besteht aus vertikalen Tragelementen aus Holz. Wird Vollholz verwendet, können die Querschnitte annähernd quadratisch sein. Man nennt so einen Steher Pfosten. Es ist aber auch möglich, Bretter als Steher zu verwenden. Hierfür eignen sich entweder Vollholzbretter, die bei Bedarf, z. B. wegen eines hohen Gewichtes der Flaschen, auch zu mehreren zusammengeschraubt und dadurch verstärkt werden können, oder Steher in Brettform aus Ein- oder Mehrschichtplatten. Letztere sind durch ihre Verleimung stabiler. (Skizze 1)

Bei Lehmboden nicht geeignet!

Das Holz sollte nicht unbedingt mit dem feuchten Boden in Berührung kommen.

Wichtig bei der Verwendung von Stehern aus Holz ist, dass keine aufsteigende Feuchtigkeit vorhanden ist. Bei leicht feuchten Böden kann man sich mit Metallauflagern oder Kunststoffunterlagen behelfen.

An diese Holzsteher werden dann einfach Holzbretter befestigt. Diese können angeschraubt oder mit Winkeln montiert werden. Wichtig ist, dass sowohl das Brett als auch die Verbindungsmittel der Last der Flaschen standhalten. (Skizze 2)

Die Flasche liegt am vorderen Rahmen mit dem Hals auf. Damit das in der Praxis auch funktioniert, müssen die beiden Holzbretter – wenn sie gleich breit sind – in unterschiedlichen Höhen montiert werden. Es ist auch möglich, zwei unterschiedlich breite Bretter zu montieren. Auf jeden Fall soll die Flasche im fertigen Regal gerade liegen!

Wichtig ist auch, dass der rückwärtige Abstand des Regals zur Wand nicht zu groß ist, sonst besteht eventuell die Gefahr, dass Flaschen hinunterfallen.

Der Abstand der Steher zueinander ergibt sich natürlich aus statischen Gründen. Die Steher teilen aber auch die Regalböden in einzelne Fachelemente. Die Flaschen werden so auf einfachste Weise am Weiterrollen in ein anderes Fach gehindert. (Skizze 3)

Um ein Verziehen oder gar Umfallen des Regals zu verhindern, ist die Montage einer Verstrebung oder Aussteifung notwendig. Hierfür eignen sich entweder Metallstangen in x-Form oder im einfachsten Fall hinten am Regal angenagelte Dachlatten. Manchmal kann es sinnvoll sein, das Regal auch an der Wand punktuell zu befestigen.

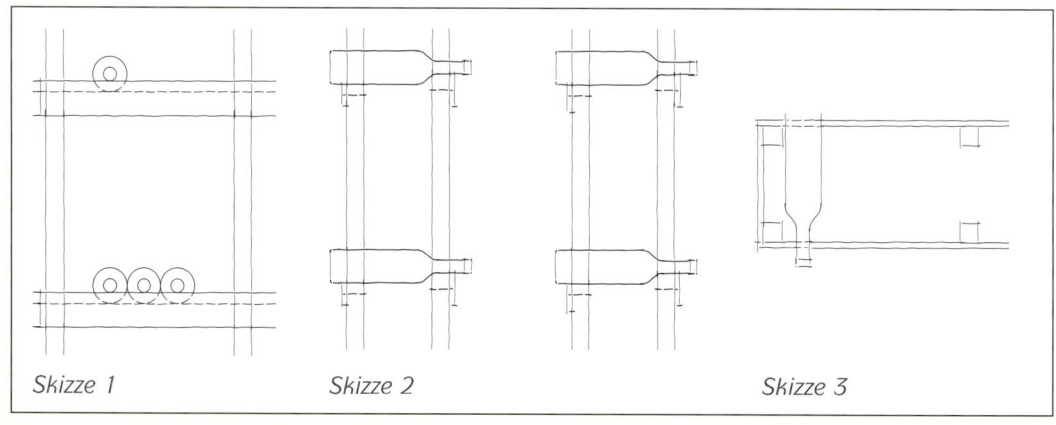

Skizze 1   Skizze 2   Skizze 3

„Rüttelpult"

Einem einfachen Rüttelpult für die Herstellung von Sekt nachempfunden sind die unter dieser Überschrift zusammengefassten Weinregale.

Man verwendet dafür einfache Holzbretter, in die Löcher von der Größe eines Flaschenhalses gebohrt werden. Die Bohrungen sollen senkrecht zum Brett oder steiler erfolgen, damit die Flaschen nicht herausfallen können. Der Abstand beträgt mehr als einen Flaschendurchmesser. Wichtig ist, dass das Brett breit genug ist, damit nach der Bohrung noch genug vom Brett überbleibt. (Skizzen 1 und 2, Seite 96)

Rüttelpult wie es für Sekt bei traditioneller Flaschengärung verwendet wird; Regele, Berghausen (links) Wanddesign; Wellanschitz (rechts)

Diese einzelnen Bretter werden mit etwas Abstand zueinander oder mittels dreieckiger Holzkeile an Wand und Boden befestigt. Die Holzbretter sollen nicht zu hoch sein, um alle Flaschen leicht und sicher zu erreichen. Außerdem biegen sich bei zu großen Längen die Bretter unter der Last durch und der Winkel, in dem die Flaschen hineingesteckt werden, wird zu klein. Die Flaschen könnten herausfallen.

Alle paar Bretter sollte man einen Abstand lassen, um den zwischen Weinregal und Wand entstandenen Spielraum auch reinigen zu können, denn es kann immer passieren, dass Flaschen zu Bruch gehen oder ausrinnen.

Stellt man zwei solcher Regale zusammen – wie ein echtes Rüttelbrett – eignet es sich auch als freistehendes Element im Raum und ist von beiden Seiten zu bestücken. (Skizze 3)

Variante
Sehr einfach lässt sich ein Weinständer herstellen, indem man eine alte Vollholztür nimmt, in diese Löcher bohrt und die Tür schräg an der Wand montiert.

Variante
Die Bretter lassen sich mittels Keilen auch quer montieren. Die Flaschen stecken dann in waagrechten Reihen parallel zum Boden. Man benötigt dazu zwar mehr Keile und die Bretter müssen parallel zueinander be-

Hier lässt sich sehr wirkungsvoll eine Hintergrundbeleuchtung anbringen.

Die konische Bohrung erlaubt unterschiedliche Neigungswinkel und Flaschengrößen

Tradition angedeutet: Rüttelpult und Holzkiste; Gols

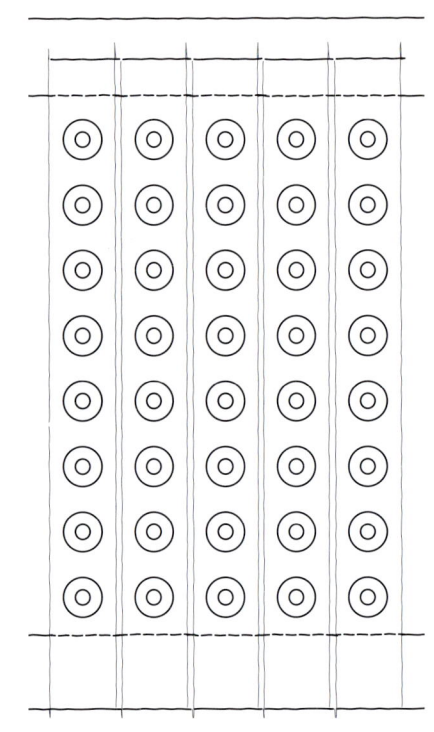

Skizze 1

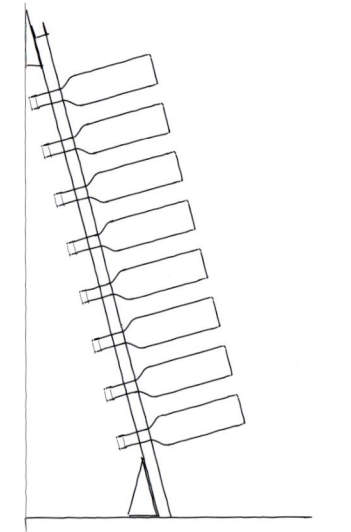

Skizze 2

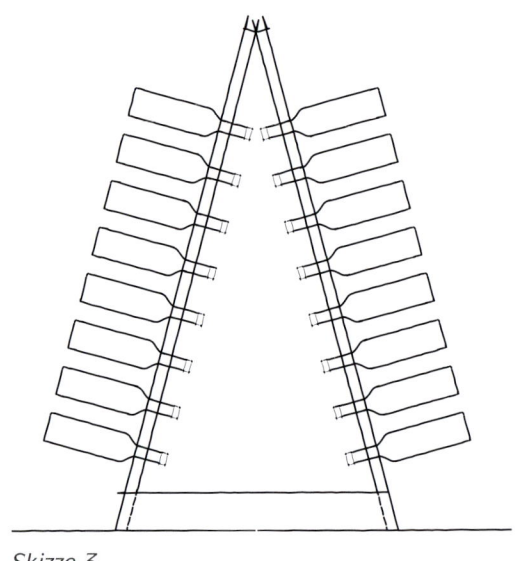

Skizze 3

Skizze 4

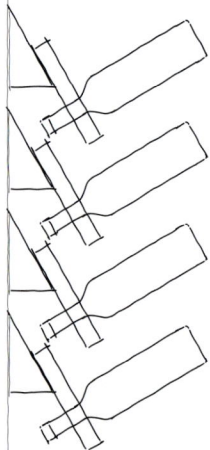

Skizze 5

festigt werden, der Platzbedarf ist aber geringer, da das Regal nicht so weit in den Kellerraum hineinsteht. (Skizzen 4 und 5)

Die Bretter müssen auch nicht wie eine Art Stülpschalung befestigt werden. Es können auch vertikale Kanthölzer an der Wand befestigt werden. Auf diese schraubt man dann Bretter im Abstand. Schön ist es, wenn der Abstand der Bretter zueinander in etwa der Stärke dieser entspricht. (Skizzen 6 und 7)

Man kann auch mehrere Bretter zu einem Quadrat zusammenfassen. Man lässt dabei einfach mehr Platz zu den anderen Brettern. (Skizze 8)

Werden die einzelnen Regale noch aus unterschiedlichen Hölzern hergestellt oder in unterschiedlichen Farben gestrichen, erreicht man nicht nur einen schönen Effekt, sondern kann die gelagerten Weine übersichtlich nach Sorten ordnen.

Empfehlenswert sind Einheiten für 6 oder 12 Flaschen.

Variante

Dieses System lässt sich auch aufwändiger, aber vielleicht auch ansprechender ausführen. Optisch unschöne Wände oder Mauerwerk, das atmen soll und deshalb unverputzt bleibt, kann man hinter einer Holzwand verstecken, die man gleichzeitig als Weinregal verwenden kann. Die Wand kann aus Brettern oder Bugschichtholz bestehen.

Variante

Mittels dieses Bohrlochsystems kann man auch zwei Holzwände im Abstand zueinander aufstellen. Wichtig ist, wie bei allen Regalen, dass sie stabil sind und auch unter dem Gewicht der Flaschen nicht zusammenbrechen.

In die erste Holztafel bohrt man Löcher in der Größe des Flaschendurchmessers, in die zweite Holztafel Löcher mit dem Durchmesser des Flaschenhalses. Man muss allerdings darauf achten, dass die Mitte der Lochdurchmesser exakt gegenüber liegt, sonst liegen die Flaschen nicht exakt waagrecht im Regal. (Skizzen 9 und 10)

Werden einzelne Flaschen stehend im Regal untergebracht, erleichtern Sie die Übersicht, indem Sie auf den Inhalt des Regals hinweisen.

Übersichtliches Einzelflaschenkonzept

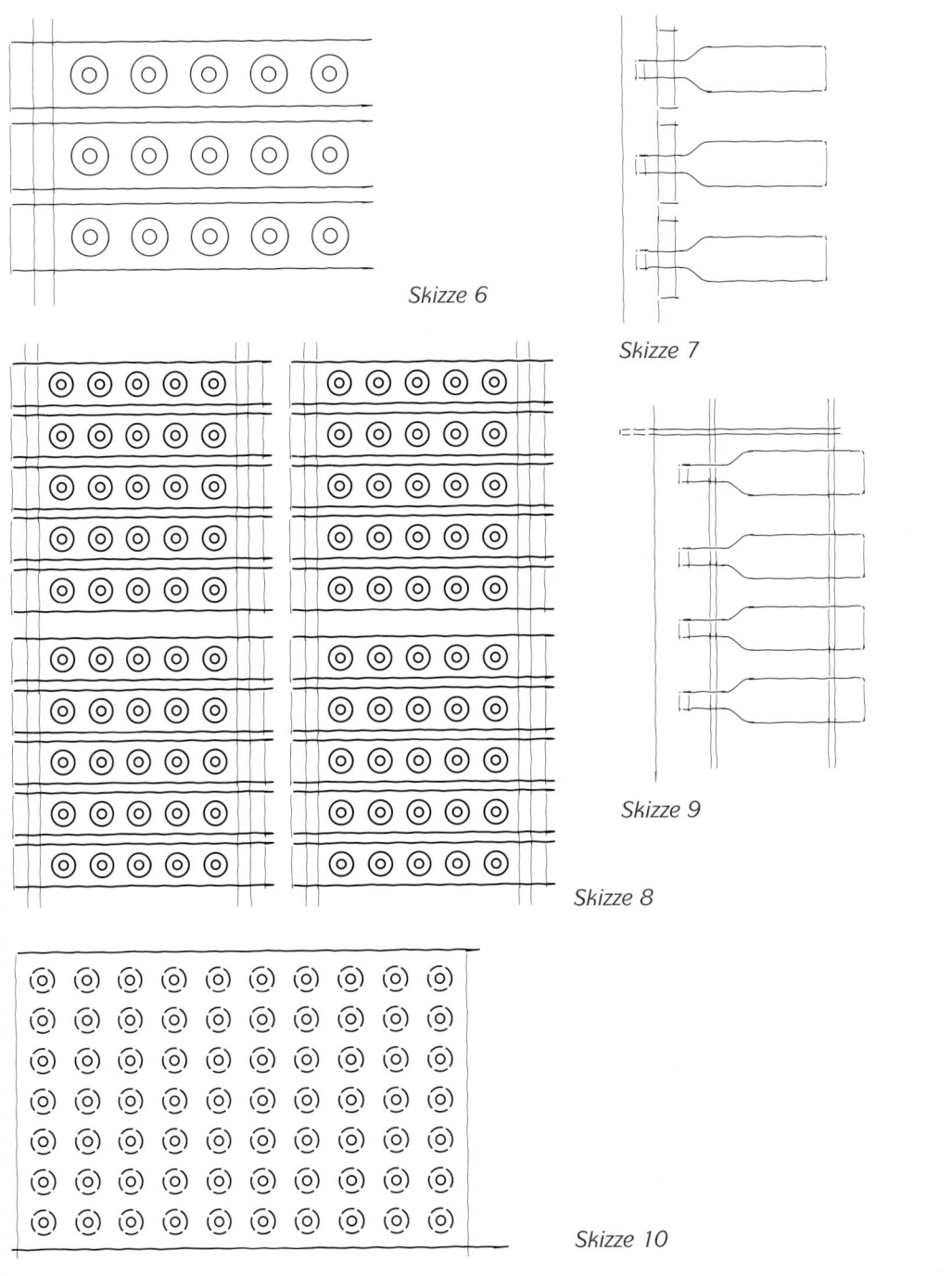

Skizze 6

Skizze 7

Skizze 8

Skizze 9

Skizze 10

„Immer umadum…"

Eine Möglichkeit, Wein einzeln zu lagern, ist diese. Ein hölzernes, transparentes Gitterraster trägt die Flaschen. Besonders fein und wirkungsvoll ist das Regal, wenn die konstruktiven Teile zart und dünn dimensioniert sind.

Es eignet sich im Kleinen für nur wenige Flaschen, lässt sich aber auch zu hohen Regalen ausbauen. (Skizzen 1 und 2)

Im gleichen System lassen sich auch mehrere Flaschen in einem Fach lagern. Man vergrößert einfach den vertikalen Abstand der tragenden Hölzer und den horizontalen Abstand der Steher. Darauf legt man einen Bretterboden, der die Flaschen trägt. (Skizze 3)

Dieses System kann man mit einer Rückwand aus Holz oder einem anderen Material gestalten.

Auch ohne Rückwand hat diese Regalvariante durchaus ihre Reize. Eine Hintergrundbeleuchtung lässt die Flaschen gut zur Geltung kommen.

Wer will, kann die Rückwand auch in einer Farbe streichen oder z. B. aus Blech, Glas oder als Versiegelung ausführen.

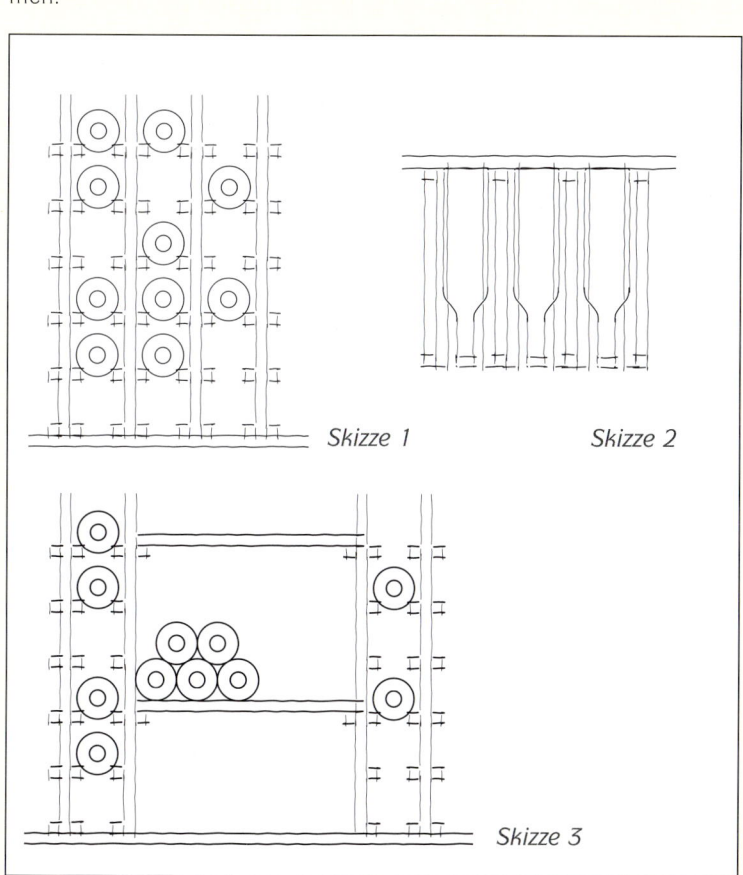

Skizze 1   *Skizze 2*

Skizze 3

*Gediegene Kombination
aus Holz und Glas;
Umathum*

„Kopf oder Zahl"

Eine Reihe von Flaschen überzieht die Wand. Alle Weine sind auf den ersten Blick sichtbar und die Etiketten – falls richtig gedreht – gut lesbar.

Wer seine gesamte Sammlung gerne im Blick hat und die Übersicht bewahren möchte, für den ist diese Regalvariante die richtige. Sie eignet sich aber auch für schmale Kellerräume und Nischen, für großformatige Flaschen und sogar für die Unterbringung in der Küche, bis die Weine getrunken werden.

Das Prinzip ist dasselbe wie bei den Sperrholzkisten, in denen man die Weine auch zu kaufen bekommt.

Die Flaschen werden waagrecht in eine Halterung an der Wand geschoben. Diese Tragkonstruktion kann aus Vollholz- oder Mehrschichtholzbrettern bestehen. Die Bretter müssen eine Breite von mehr als einem Flaschendurchmesser haben. Sie erhalten nämlich Lochbohrungen in den Größen des Flaschenhals- und Flaschendurchmessers. Selbst bei dem Bohrloch, in dem die gesamte Flasche Platz haben soll, muss noch genügend Spiel vorhanden sein. (Skizze 3)

Heiliger Urban, Schutz-patron des Weines

Will man mehrere dieser Weinflaschenhalterungen nebeneinander anbringen, muss man nicht nur darauf achten, dass die Bretter wirklich parallel zueinander montiert werden, sondern besonders darauf, dass man genügend seitlichen Abstand zur nächsten Weinflasche und somit Platz zum Herausnehmen hat.

Diese Holzbretter werden vertikal mit der schmalen Seite mittels Winkeln an der Wand befestigt. Der Abstand muss so gewählt werden, dass die Flasche nicht herausrutscht. Für die Lagerung einer Flasche benötigt man immer ein kleines Bohrloch als Halterung für den Flaschenhals und ein großes Bohrloch für den gesamten Flaschendurchmesser. Wichtig ist, dass die Mittelpunkte der Bohrlöcher exakt auf gleicher Höhe sind. (Skizzen 1 und 2)

Man kann alle Flaschen in die gleiche Richtung oder gegengleich einordnen. (Skizze 4)

Variante

Wem die Holzkonstruktion zu wuchtig ist, der kann auch Metallwinkel als Halterung verwenden. Diese sind zwar schwieriger zu bohren, aber feiner in ihrer Konstruktion und zeigen mehr von der Flasche und ihrem Etikett. Letztere können allerdings bei unsachgemäßem Einlagern bei der Verwendung von Metall auch leichter beschädigt werden. (Skizze 5)

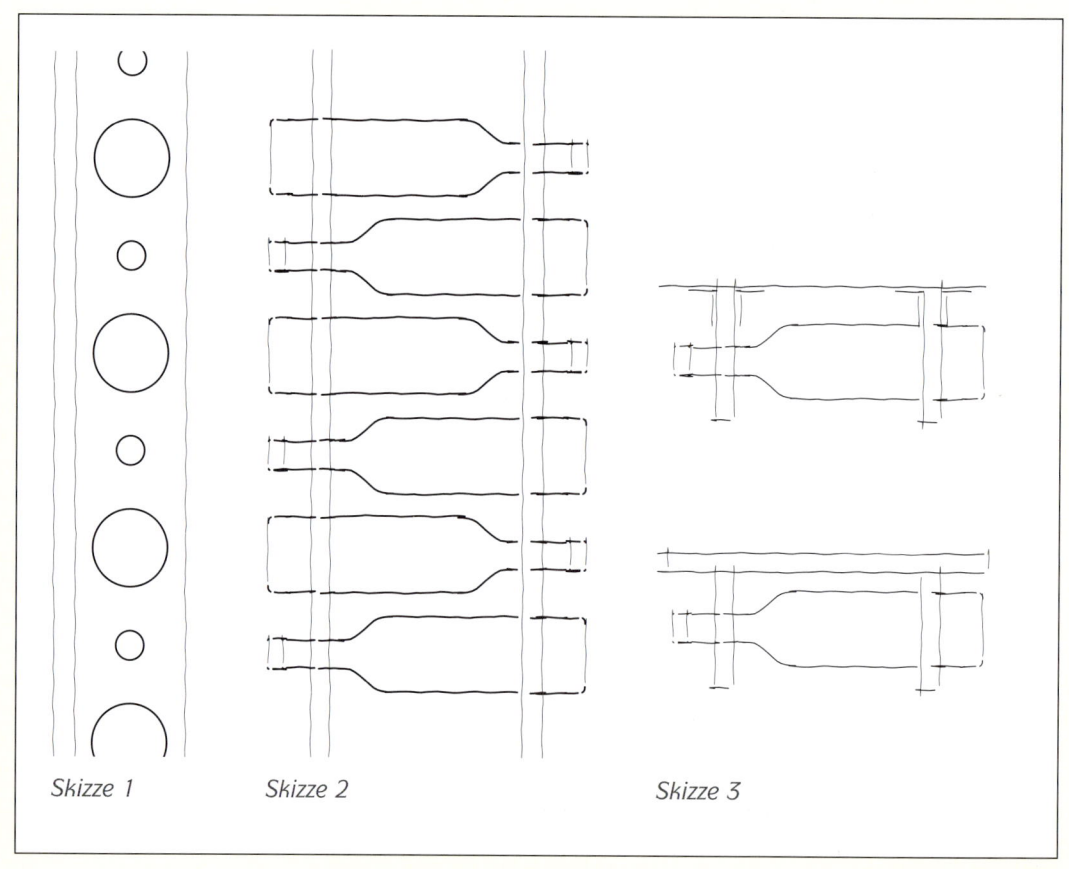

Skizze 1   Skizze 2   Skizze 3

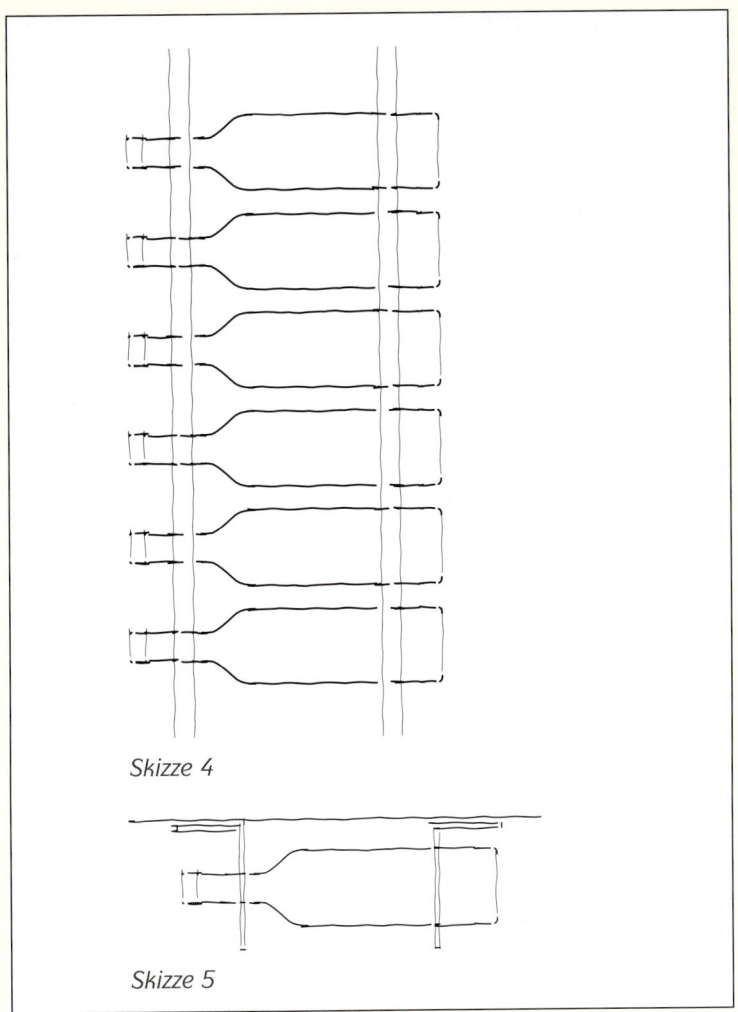

Skizze 4

Skizze 5

„Auf der Mauer, auf der Mauer,..."

Wein lagert hier auf einfachen Holzbrettern. Diese sind etwas breiter als eine Flasche im Durchmesser und werden waagrecht wie gewöhnliche Regalbretter an die Wand geschraubt. Darauf liegen die Flaschen wie die Waggons eines Zuges hintereinander. (Skizze, Seite 104)

Wichtig ist nur, dass die Flaschen nicht aus dem Regal rollen. Um das zu verhindern, kann man das Brett leicht nach hinten geneigt montieren oder mit einer an der vorderen Kante angebrachten Leiste versehen. Feiner jedoch in ihrer Ausführung und Erscheinung sind die Varianten, bei denen das Brett etwas ausgefräst wird. Das kann eckig oder gerundet – der Flaschenkrümmung nachempfunden – passieren.

Ab und zu unterstützen gleich breite, vertikale Bretter die Konstruktion und bilden so einen Rahmen für die einzelnen Sammelthemen.

Großzügig auf der Fläche, …

… platzsparend in der Tiefe!
Rauch

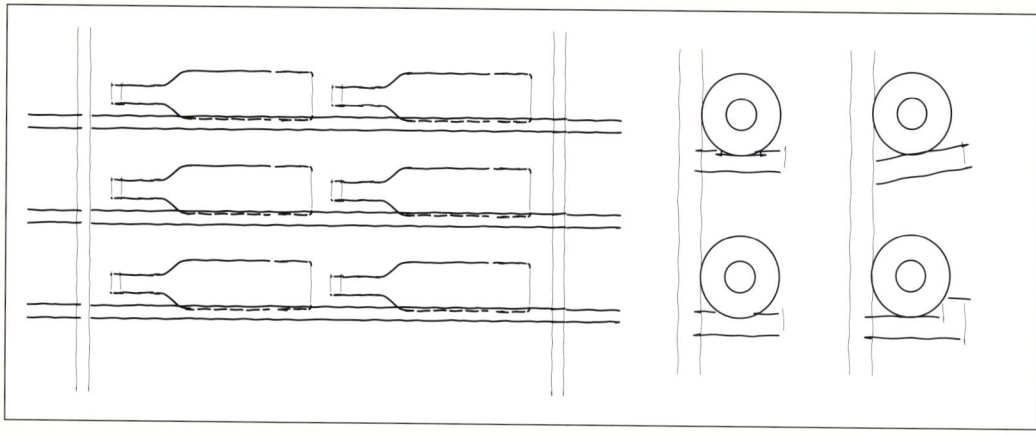

„fix & fertig Holz"

In diesem Bereich ist die Auswahl an Regalsystemen riesengroß. Beinahe alle Regale – auch wenn sie primär nicht zur Weinlagerung bestimmt sind – können entsprechend adaptiert werden und sowohl optisch als auch funktionell ein einzigartiges, individuelles Weinregal abgeben. Vielleicht finden Sie ja gerade im Baumarkt, dem einen oder anderen Möbelhaus oder übers Internet ein Regal, das sich zu einem geeigneten Weinregal umfunktionieren lässt. Manchmal lassen sich einzelne Elemente schnell und funktionell zusammenbauen. (Skizze)

In den größeren Fächern lassen sich mehrere Weine unterbringen. Werden die Einzelteile mittels Abstandhaltern wie einem Holzklotz oder einem Ziegelstein übereinander montiert, ergibt sich auch ein kleineres Fach für Einzelflaschen oder ein größeres für Weine in Kartons.

In der Schweiz hat sich CAVEAU STAR auf die Herstellung von Holzgestellen sowohl zur Flaschen- wie auch Holzkistenlagerung spezialisiert. Unter dem Motto „Das perfekte Flaschengestell für Ihren Weinkeller" werden, von einem Basismodell ausgehend, vor allem individuelle Lösungen angeboten. Bei den Systemelementen wird auf perfekte Sorten- und Jahrgangstrennung der Weine sowie eine Platz sparende und optisch ansprechende Ausführung des Weinregals wert gelegt. Planung und Ausführung werden ebenso individuell angeboten wie ein Basissortiment mit 20 Modellen.

Ausgeführt sind die Gestelle aus praktisch astfreiem Tannenholz, das allseitig gehobelt und im Tauch-Verfahren gebeizt (Wasserbeize) wurde. Die Gestelle bieten sichere und feste Lagerung sowie Platz für 2–24 Flaschen. Bei der Planung Ihres Gestelles, insbesondere der Fächergrößen,

> Achten Sie bei der Auswahl des Materials unbedingt darauf, dass Stabilität und Beständigkeit, speziell bei eventuell auftretender Feuchtigkeit während der Lagerung, gegeben sind.

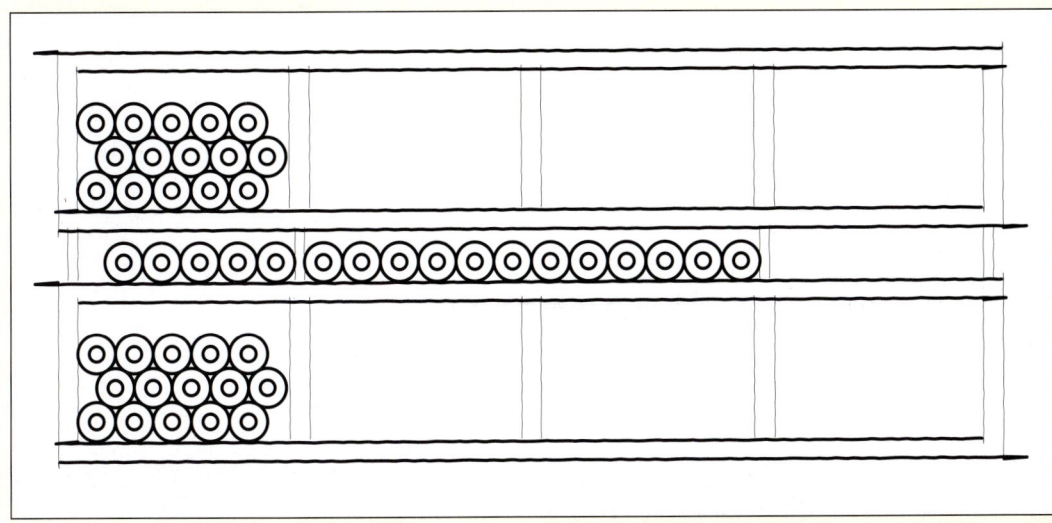

sollten Sie berücksichtigen, dass Flaschen unterschiedliche Formen besitzen und nicht jede Schlichtweise für alle Flaschenformen geeignet ist. Die Basisgestelle sind alle 200 cm hoch und werden in 32 cm Tiefe (51 cm für Holzkisten) und variabler Breite von 55–109 cm angeboten. Abhängig vom Modell bieten diese Platz für 128–250 Flaschen bzw. mindestens 8 Kisten/Kartons bei der Ausführung mit Volltablaren, welche zur leichteren Entnahme der Flaschen auch mit Ladenauszug ausgeführt werden können.

Les Casiers d'Antan, ein französischer Anbieter von Weinmöbeln samt Zubehör, setzt traditionellerweise auf massive französische Eiche mit Leinölbeschichtung. Nicht nur für die Wein-, sondern auch für die Flaschenlagerung wird hohe Festigkeit und Alterungsbeständigkeit vorausgesetzt und somit das Weinregal zum Möbelstück, das nicht nur in dunklen Kellerräumlichkeiten, sondern speziell auch in Wohn- und Verkaufsräume, Restaurants und Vinotheken höchsten Ansprüchen gerecht wird. Die Standardregale sind für 12–168 Flaschen konzipiert und sind durch spezielle Ausnehmungen in den Regalträgern für alle gängigen Flaschentypen, einschließlich Magnums geeignet. Das gleiche Regal eignet sich für verschiedene Aufbauten: geneigte Lagerung für Präsentations- und Verkaufszwecke oder flache Lagerung. Geneigte Präsentationsebenen können beliebig mit flachen Ebenen kombiniert werden. Die

*Individuelle Gestaltungs-
möglichkeiten*

Praktische Lagerung in originalen Holzkisten auf ausziehbaren Regalelementen

Regale selbst können um einige Accessoires erweitert werden. So bildet ein Regaldeckel, der in drei Abmessungen angeboten wird, einen schönen Abschluss und ermöglicht sogleich das Abstellen von Einzelflaschen, Karton- oder Holzkisten. Wird der Lagerkeller gleichzeitig als Verkostungsraum genützt, können ebenso leere Flaschen hochwertiger Weine – an die man sich immer wieder gerne erinnert – auf dem Regal abgestellt werden. Für die Lagerung von Wein in Holzkisten werden so genannte Kisteneinschubmodule angeboten, die in den verschiedensten Varianten zusammengestellt werden können. Zur besseren Übersichtlichkeit können diese Kistenregale mit Glasdeckeln abgeschlossen werden, so dass das Kistenregal zugleich auch als Abstelltisch für Gläser und der gleichen dienen kann. Zum besseren Widerfinden der Weine ist es unerlässlich, diese nicht nur zu sortieren, sondern auch zu beschriften. Zu diesem Zweck und um Wertigkeit und Eleganz Ausdruck zu verleihen, sind eigene Etikettenhalter aus poliertem Messing vorgesehen. Ein komplettes Sortiment also, das für den privaten Weinliebhaber ebenso geeignet ist wie für den Profi.

ROBBY-BOX Klick-Steck-Systeme des deutschen Herstellers Drehvo GmbH werden ausschließlich über den Weinfachhandel vertrieben und stellen ein

Falls alle Flaschen in einem Regal geneigt präsentiert werden sollen, verringert dies das Fassungsvermögen des Regals um die Hälfte!

Formschön mit 12 in einer Reihe

sehr leichtes und flexibles System dar. Ein Regalelement ist ausgelegt für die horizontale Lagerung von 6 Flaschen. Die aus 8 mm starkem Birkenschichtholz gefertigten Regalelemente (Maße: 560 x 300 x 110mm) sind übereinander bis auf 2,6 Meter Höhe sehr einfach stapelbar und dabei extrem stabil und langlebig. Durch entsprechende Verbindungselemente sind Kompatibilität und auch zusätzliche Stabilität nebeneinander gegeben, und für den Betrachter ergibt es nebenbei eine sehr hochwertige Ansicht. Die Belastbarkeit wird bis zu einem Stapeldruck von 950 kg angegeben.

Das naturbelassene Birkenschichtholz kann zur optischen Anpassung sehr leicht mit der entsprechenden Farbbeize auf natur, eiche hell, teak, dunkelgrün, dunkelrot oder mahagoni gebeizt werden. Wer lieber seinen Wein in Holzkisten lagert, nicht jedoch das Geld für die Weine ausgeben möchte, die traditionell so verpackt werden, hat mit der Wein-Box für 6 oder 12 Flaschen schon einmal die Hülle und braucht dann nur mehr den gewünschten Inhalt hinzufügen. Vom Winzer möglicherweise als Versandbox verwendet, dient Ihnen diese sofort zur richtigen Lagerung Ihrer Schätze. Die Kombi-Box verfügt über eine vorgestanzte Frontseite die durch einfaches Eindrücken des Deckels die Box öffnet, die dann einfach als Stapel-Box verwendet werden kann. Die Boxen sind bis auf 2,6 Meter Höhe stapelbar, extrem stabil und langlebig. Sie haben eine Tragfähigkeit von 40 kg und halten einem Stapeldruck von 950 kg stand. Länge (400 mm) und Breite (270 mm) sind für 6er und 12er Boxen gleich, die Höhe differiert von 190 mm (6er) auf 340 mm (12er). Beide Weinboxen besitzen an der Stirnseite eine Öffnung, um den Wein leicht herauszuholen. Um die Übersicht zu bewahren, werden Flaschenhalter empfohlen, die ganz einfach auf der Stirnseite der Boxen montiert werden können.

Einzelflaschenhalter von Robby Box (unten)
Transport und Lagenelemente in einer Reihe (unten links)
Stapelbare Lagenelemente in einer Reihe (unten rechts)

Das MS-380 Weinregal von Müller-Soppart ist eine solide, preiswerte
Konstruktion aus heimischen Nadelhölzern, die mit Holzschutzmittel be-
handelt wurden. Die Fächer sind für 12 Flaschen ausgelegt und mit einer
Tiefe von 43 cm und einer Lagerkapazität von ca. 170 Flaschen je m² darüber hinaus auch noch platzsparend.

Die Variante MS-700 hat im Gegensatz zu MS-380 stärker dimensio-
nierte Latten mit abgerundeten Kanten. Die Oberfläche ist poliert und la-
ckiert, das verbessert die Optik und verwandelt so das Regal von einem
nüchternen Lagersystem zu einem Möbelstück. Die Fachgröße ist für 18
bis 35 Flaschen ausgelegt – je nach Stapeltyp – und misst 33 x 41 x 47
cm in Höhe, Breite und Tiefe. Jedes Fach kann zusätzlich mit einem diagonal eingeschobenen Brett oder einem Kreuzbrett unterteilt werden,
so dass bis zu vier Kleinstfächer entstehen, was wiederum die Flexibilität für Einzelflaschen und Sonderformate erhöht und die Optik zusätzlich auflockert. Das Kompaktmodell weist eine Lagerkapazität von über
210 Flaschen je m² Wandfläche auf.

Speziell für die Lagerung von Holzkisten wird das Modell MS-735 Gand-
Cru angeboten. Dabei werden Gleitschienen in die Regalfächer eingebaut,
so dass zur leichteren Entnahme der Flaschen jede Kiste bis 4/5 ihrer
Länge wie eine Schublade herausgezogen werden kann. Die Fächermaße
sind 25 cm hoch, 33,5 cm breit, 52 cm tief und bieten Platz für je eine
Holzkiste oder 21 Bordeauxflaschen, Schulter an Schulter gestapelt.

Praktische und einfache
Lösungen

*Modulprinzip mit
einfachen Holzkisten*

Als Baukastensystem kann die MS-STAPELKISTE im Hoch- oder Querformat zu einer großen Weinkellerregalwand aufgebaut werden. Die Rückwand der Stapelkiste ist aus Sperrholz, die Seitenteile aus 2 cm dickem Massivholz. Mit einer Lagerkapazität von 15 Flaschen und den Maßen 43 x 30 x 33,5 (H/B/T) ergibt das eine relative Lagerkapazität von etwa 116 Flaschen je m². Der Phantasie beim Zusammenstellen Ihrer individuellen Regalwand steht dabei nicht viel im Wege! Die Stapelkisten sind stabil genug, um mit entsprechender Befestigung auch an die Wand montiert zu werden. Um die halbe Kistenbreite versetzt, ergibt das ein dekoratives Wandregal, das durchaus auch für Wohn- und Verkaufsräume geeignet ist. Zudem ist bei der Verwendung von Flaschenhaltern neben der Kiste eine gute Übersichtlichkeit gegeben.

Zur Lagerung von Einzelflaschen gut geeignet ist System MS-SINGLE, bei dem die Flaschen nur an zwei Punkten aufliegen (vergleiche System „Immer umadum"). Das Standardregal wird mit einer Flaschenkapazität bis 30 Stück und den Abmessungen von 62 x 60 x 30 (H/B/T) angeboten, das ergibt einen Platzbedarf von 80 Flaschen je m². Die Standardelemente sind wieder individuell stapelbar, wobei sich die Stabilität durch versetzte Stapelung zusätzlich erhöht. Das Regal MS-Single ist auch für Magnumflaschen als MS-SINGLE MAGNUM erhältlich. Edler Anblick, großzügige Schlichtung und absoluter Halt für die Flaschen zeichnen das System aus.

Alle MS-Regale werden vormontiert geliefert, so dass nur die waagrechten Latten verschraubt werden müssen.

„Wintower"

Basierend auf einer geringen Anzahl an Standardkomponenten wird versucht, möglichst viele Kombinationsmöglichkeiten zu bieten. Vertikalelemente in den Längen 96/139/192 cm werden mit ein- oder beidseitiger Schienenführung angeboten, Horizontalteile mit 33 cm Tiefe gibt es in fünf verschiedenen Breiten für Bouteille und Magnums, mit in Klammer angegebenem Flaschendurchmesser:
- für 1 Flasche (70–84 mm)
- für 1 Magnum/Champagner (84–108 mm)
- für 3 Flaschen (70–84 mm)
- für 4 Flaschen (70–84 mm) bzw. 3 Magnums (84–108 mm)
- für 6 Flaschen (70–84 mm) bzw. 4 Magnums (84–121 mm)

Mit einer Tiefe von 53 cm gibt es nur Regalböden für 3, 4 und 6 Flaschen.

Das System selbst funktioniert nach einem Schienenprinzip. Regalböden sind in unterschiedlichen Höhen zwischen zwei Seitenteile zu schieben. Durch geringe Abstände bei den Schienen kann die Änderung

*Hohe Flexibilität und
Stabilität durch variable
Fachgrößengestaltung*

der Fächerhöhe in 2-cm-Schritten erfolgen. Ein entscheidender Vorteil gegenüber anderen Systemen ist, dass weder Werkzeug noch Schrauben benötigt werden. Die Stabilität des gesamten Regals beruht auf der Konstruktion der Schienen- und Ladenelemente. Sämtliche Bauteile sind bewusst aus Holz gefertigt, so dass es dazu geeignet ist, ästhetische Qualitäten hat, verschiedenste Möglichkeiten bietet, darüber hinaus Wärme vermittelt und dennoch stabil ist. Die Panelen sind wasserfest und weisen gegenüber hoher Luftfeuchtigkeit eine entsprechende Beständigkeit auf. Der belgische Hersteller Lecellier sprl bietet eine individuelle Planung und Zusammenstellung seines persönlichen Regals an. Je nach Platzangebot und unterzubringender Flaschen können jegliche Kombinationen vorweg dargestellt und kalkuliert werden. Sofern der Untergrund, auf dem das Regal stehen soll, starke Nässe vorweist, wird empfohlen, das Regal entweder auf den ebenfalls angebotenen Kunststoffunterbau zu stellen oder mit Ziegeln oder Stellschrauben unter den Panelen das direkte Aufsaugen des Wassers zu verhindern.

Das Meisterstück

„Ihr Tischler macht's persönlich …"

Neben den von uns entworfenen und vorgestellten Regalen und den im Handel erhältlichen Fertigsystemen gibt es noch eine Vielzahl von anderen Möglichkeiten und Lösungen. Wenn auch Sie eine gute Idee oder eine konkrete Vorstellung davon haben, wie Ihr Weinregal aussehen soll, können Sie es sich auch von Ihrem Tischler anfertigen lassen. Aber auch ohne konkrete eigene Vorstellung kann Ihnen Ihr Tischler sicher weiterhelfen, wie Tischlermeister Michael Altenbacher mit seinem Weinregal „In vino veritas" zeigt. Sein Gedanke war es, ein Möbel zu entwerfen, das als Skulptur frei im Raum steht und eine Funktion erfüllt. Es soll ein harmonisches Zusammenspiel aus Holz, Metall und Glas erreicht werden. Die geschwungene Form der Welle soll mit den Corpussen in Einklang gebracht werden. Die Wellenelemente aus Nuss und Edelstahl sind der Natur nachempfunden (Weinrebe, Wasserfall). Die Corpusse wurden aus massivem Feldahorn und an den Ecken gezinkt gefertigt. Alles soll wie aus einem Guss erscheinen.

Die Flaschenhalterung zierlich und edel aus Stahl

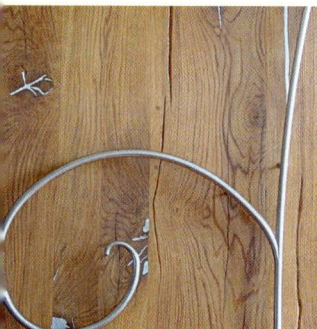

Beispiele aus Holz-Metall

„Steinbach 12"

Bei diesem Regalsystem sind die tragenden Teile aus rechteckigen Metallstehern gefertigt. Natürlich wäre auch die Verwendung von Metallrohren möglich. Hier erweist sich allerdings die Ausbildung der Anschlüsse zu den Fachböden als schwieriger, da die Kontaktfläche dann nicht rechtwinkelig ist. Die Verwendung von Metall ermöglicht im Vergleich zu Holz geringere Querschnitte. Das Regal wirkt dadurch leichter und eleganter.

Da Kellerböden- und decken oft sehr uneben sind, ist es sinnvoll, dass die Steher im Auflagerbereich (Boden) und Anschluss zur Decke höhenverstellbar (mittels Schraube) und elastisch (Ausgleichspuffer) ausgebildet werden.

Die eigentlichen Fächer für die Unterbringung der Weinflaschen sind u-förmige Holzelemente, die mittels Winkel oder Metallstiften an den Stehern befestigt werden.

Besonders bei Regalen, die durch ihre Symmetrie und Geradlinigkeit wirken, ist es wichtig, dass die Flaschen nicht zu viel Spiel im Fachboden haben. Sonst rutschen sie hin und her und die Flaschen in der darüberliegenden zweiten Reihe liegen nicht mehr exakt in einer Höhe. Das fällt besonders bei so einheitlichen Regalen auf.

Das gelungene Wechselspiel aus Funktionalität und Design; Lackner-Tinnacher

Ein Kriterium bei der Herstellung ist auch die seitliche Höhe der Fachböden. Sind sie zu nieder, haben die Flaschen keinen Halt. Sind sie aber
zu hoch, verliert das Regal die Leichtigkeit der Ausführung. Denn gerade
durch die feine, zarte Konstruktion ist es schlicht und edel. Dazu trägt natürlich auch der Abstand bei, den die Fächer sowohl vom Boden als auch
von der Decke haben. (Skizze)

Das Regal steht direkt, ohne Hinterlüftung, an der Wand. Das ist bei
trockenen Kellern und Regalsystemen, die nicht über die gesamte Höhe
dicht mit Flaschen angefüllt sind, möglich. Die Wand kann trotzdem
atmen. Bei dieser Variante ist es dann auch nicht unbedingt nötig, alle
Steher vom Boden bis zur Decke zu führen.

Hier sind z. B. nur die vorderen Steher zwischen Boden und Decke
eingespannt. Die rückwärtigen werden direkt an der Wand befestigt.
Diese Ausbildung wirkt zwar leicht und elegant, gibt dem Regal aber
auch mehr Stabilität, was besonders für lange, hohe Weinregale, die viel
Gewicht tragen müssen, wichtig ist.

Variante
Wer will, kann die Fachböden auch unterschiedlich breit machen, um unterschiedliche Mengen an Flaschen unterzubringen. Eine Variation in der
Höhe ist natürlich auch möglich. Dabei verliert das Regal jedoch an Reiz
und Einheitlichkeit.

*Flaschenstapel mit
dekorativem Effekt
bei Polz, Spielfeld*

Variante
Es ist auch möglich, anstelle der u-förmigen Fachkisten nur Bretter zu montieren. Dabei muss sichergestellt werden, dass die Flaschen nicht von einem Fach ins andere rollen können.

Variante
Die Steher können natürlich auch aus Holz gefertigt werden. Die Querschnitte sind dann entsprechend größer.

Das Regal ist auch ein gutes Beispiel für wachsende Sammlungen. Man kann hier in erster Ausbaustufe nur einen Teil der Fächer bauen und montieren. Es ist sowohl in der Breite als auch in der Höhe erweiterbar. Bei ersterer Variante besteht die Erweiterung aus zusätzlichen Stehern und Fächern, bei letzterer Variante werden lediglich weitere Fächer bei Bedarf montiert.

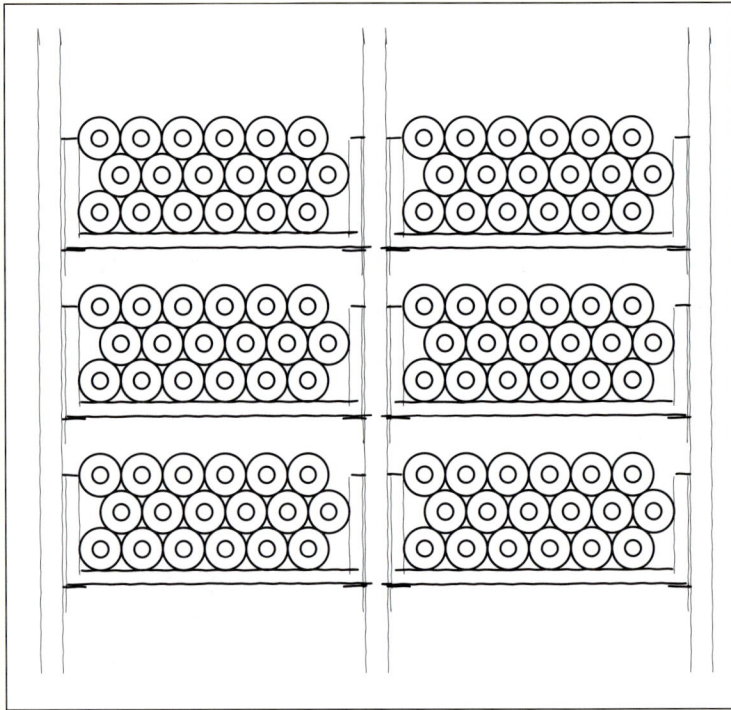

„Ein Vogel auf dem Drahtseil"
Bei dieser Variante wird ein breiter Holzrahmen oder breiter Holzsteher mit einer zarten, waagrechten Metallkonstruktion kombiniert. (Skizze 2) Das Holz bildet die eigentliche Tragkonstruktion. Die Weinflaschen lie-

gen jeweils auf zwei Metallstäben, die beide im Idealfall in einem Stück durch die gesamte Regalkonstruktion reichen und dazwischen immer wieder durch senkrechte Holzelemente unterstützt werden.

Es empfiehlt sich, den Abstand der tragenden Holzkonstruktion einer entsprechenden Flaschenzahl in Länge und Gewicht anzupassen.

Ein Kriterium bei der Herstellung ist auch die Länge der Metallstäbe. Wichtig ist, dass die Stäbe auch bei langen Regalen noch in die Konstruktion eingefädelt werden können. Ist das nicht möglich, müssen einzelne kurze Metallstäbe verwendet werden. Dann ist darauf zu achten, dass die Stäbe genügend Auflagefläche in der Holzkonstruktion haben. Abhängig von der Breite des Holzrahmens und der Anzahl der Stäbe lassen sich die Flaschen nicht nur in Serie hintereinander unterbringen, sondern auch in der Tiefe parallel zueinander anordnen. (Skizzen 1 und 3)

Der parallele Abstand der Metallstangen zueinander muss logischerweise kleiner sein als der Durchmesser der Weinflaschen.

Raumteiler der etwas anderen Art im SanPietro, Graz

Dieses Regal wirkt leicht, transparent, bringt die Flaschen gut zur Geltung und eignet sich sowohl als wandbündiges Regal als auch als Raumteiler. Als Trennelement kann es ganz zart und schmal konstruiert, aber auch tiefer sein, da die Weine von zwei Seiten erreichbar sind.

Sicherheitshalber sollte dieses Regal entweder an Wand, Boden oder Decke befestigt werden.

Wer will, kann auch mehrere kurze Regale wie bei einem Apotheker- oder Küchenvorratschrank ausziehbar gestalten und miteinander kombinieren. Die Flaschen lagern dann zwar dunkel, werden aber beim Herausziehen des Regals bewegt. Diese Variante lässt sich auch mit einer darüberliegenden dekorativen Holzplatte als Anrichte oder Abstellmöglichkeit für Gläser gestalten. (Skizze 4)

Dekorativ wirkt dieses Regal auch, wenn einzelne Flaschen hinter klarem oder mattiertem Glas lagern. Reizvoll ist besonders die Kombination mit einer Beleuchtung. Letztere sollte jedoch nicht allzu oft und lange eingeschaltet werden. Setzen Sie nicht gerade die besonderen Raritäten ihres Weinkellers dem Licht aus!

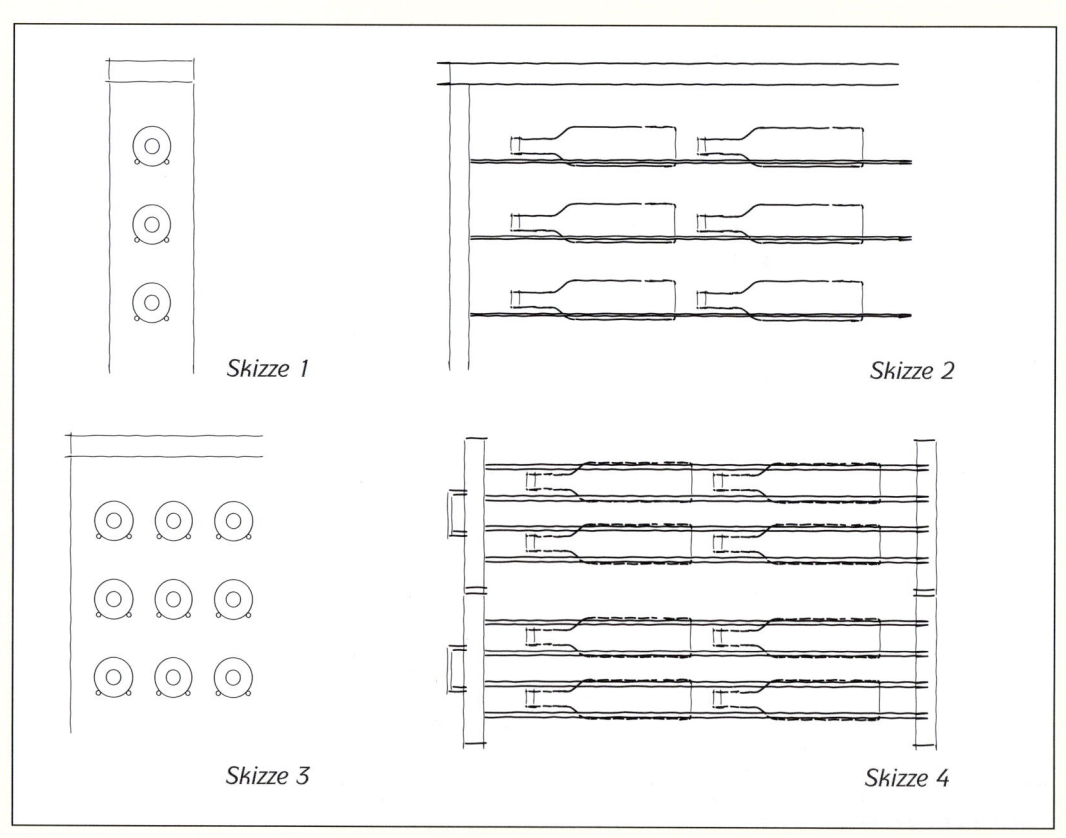

Skizze 1

Skizze 2

Skizze 3

Skizze 4

„LK"

Dieses Regal ist eine Kombination aus Holz und Metall. Je nach Geschmack und Vorliebe für ein Material können hier entweder der Holz- oder der Metallanteil in der Gestaltung stärker hervortreten.

Soll der Holzanteil dominieren, baut man daraus ein Regal aus rechteckigen Rasterelementen. Durch diese werden von oben nach unten Metallstäbe durch vorher gebohrte Löcher gesteckt. Der lichte Abstand der Stäbe entspricht dem Abstand der Flaschendurchmesser. Wer will, kann auch einzelne Abstände größer wählen, um Magnumflaschen darin unterzubringen. Wichtig ist jedoch, dass die Bohrungen exakt übereinanderliegen.

Die Länge der einzelnen Stäbe darf auch nur so groß sein, dass diese problemlos in die Konstruktion eingefädelt werden können. Sonst müssen sie gestückelt werden. (Skizzen 1 und 2, Seite 120)

Stabile Lagerung bis zur letzten Flasche; nicht geeignet für Burgunder- und Rheinweinflasche!

In der Höhe der einzelnen Regalfächer sollten mindestens 6 Flaschen – die Menge eines Kartons – Platz haben.

Das Regal wirkt besonders einheitlich und symmetrisch, da die Flaschen exakt übereinander in ihrer Position zu liegen kommen und ihre Lage auch nach dem Herausnehmen anderer Flaschen unverändert bleibt. Es gibt also kein Nachrutschen!

Die Flaschen sollten bis zum nächsten darüberliegenden Fachboden ein bisschen Spiel haben, damit man sie leicht herausnehmen kann. Durch die so entstandenen Reihen und Fächer lässt sich der Wein im Regal sehr übersichtlich lagern. Der Platzbedarf ist zwar etwas höher als bei anderen Systemen, dafür ist die Ordnung aber garantiert!

Sollen einzelne oder mehrere Fächer mit Türen versehen werden, eignen sich bei diesem System besonders Türen aus Glas oder Plexiglas. Dadurch bleibt der durch die Metallstäbe entstandene Raster weiter spürbar. Die Tür selbst ist fast unsichtbar. Natürlich können diese auch versperrbar ausgeführt werden, um besonders wertvolle Flaschen zu sichern.

Einzelfächer mit Metallstäben und Absperrmöglichkeit

Das Regal kann auch mit einigen Zentimetern Abstand zur Kellerwand aufgestellt werden. Diese Ausführung empfiehlt sich bei unebenen Wän-

den, bei Wänden, an denen eine Befestigungsmöglichkeit schwer oder nur unter Aufwand anzubringen ist, oder wenn die Oberfläche der Wand nicht durch Befestigungsmittel zerstört werden soll (Glas, Fliese, Holz, Sichtziegel), bei nicht ganz trockenen Wänden, um eine Verdunstungsfläche zu schaffen, wenn das Wandmaterial optisch ansprechend ist und hergezeigt werden soll (Ziegel, Naturstein, schöne Putzoberfläche, Farbe).

Besonders in letzterem Fall empfiehlt sich die Kombination mit einer Hintergrundbeleuchtung. Für den Abstand reichen einige wenige Zentimeter aus.

Die Hintergrundbeleuchtung lässt sowohl die Weinflaschen als auch das Material der Mauer gut zur Geltung kommen. Die Leuchtmittel können entweder im Wand-, idealer und wirkungsvoller aber im Bodenbereich angebracht werden.

Um dem Regal mehr Stabilität zu geben, muss es ausgesteift werden. Da der Abstand zur Rückwand hier sehr groß ist, wird diese Aussteifung gleich mit einem Schutz gegen ein Herunterfallen der Flaschen kombiniert.

Weine, die noch in Holzkisten oder Kartons gelagert werden, finden im gleichen System Platz. Man lässt einfach den Abstand der Metallstäbe entsprechend groß. Die Bohrungen für den 7/10-Flaschenraster können

Passen Sie auf, dass der Abstand nicht zu groß wird und Flaschen hinten aus dem Regal fallen können!

Flexibles Lagersystem bei maximaler Platzausnützung am Pogusch

Wer will, kann dieses Regal noch mit einer Abdeckplatte aus Holz versehen. Diese eignet sich zum Dekantieren oder einfach, um neu gekauften Wein zwischenzulagern, bevor er einsortiert wird.

Metallgeländer mit Zusatznutzen

ja trotzdem gefertigt und die restlichen Stäbe nur bei Bedarf eingeschoben werden.

Soll bei dieser Regalvariante der Metallanteil dominieren, wird Holz in Form von Brettern nur für horizontale Fachböden verwendet. Die Metallsteher bilden den eigentlichen Regalraster. Diese Variante wirkt leicht, transparent und lässt sich jeder Raumform gut anpassen.

Damit die Flaschen sicher liegen – was besonders bei großen Stapelhöhen wichtig ist –, kann eine waagrechte Metallstange in Höhe des Flaschenhalses unterstützend wirken. (Skizze 3)

Dieses System eignet sich auch zur Kombination mit anderen. Es kann zum Beispiel auf ein Ziegel- oder Holzregal, welches ca. 90 cm (Arbeitshöhe) hoch ist, aufgesetzt werden.

Ist das nicht der Fall, müssen die Flaschen durch eine Art Podest vom Boden entfernt gelagert werden. Man kann dies mit einer Holzschwelle oder einem niederen Ziegelfundament lösen. In diesem können auch die Metallsteher einen sicheren Halt finden. (Skizzen 4 und 5)

Variante

So ein Regal lässt sich auch aus vorgefertigten Teilen einfach herstellen. Man nimmt zwei Geländerelemente, wie man sie z. B. für Balkone oder Brüstungen zur Absicherung verwendet, montiert sie in entsprechender Entfernung zur Wand und zueinander. Wichtig ist nur, dass der Abstand der Steher annähernd dem der Flaschen entspricht und die Geländer untereinander und an der Wand sicher befestigt werden. (Skizzen 6, 7 und 8)

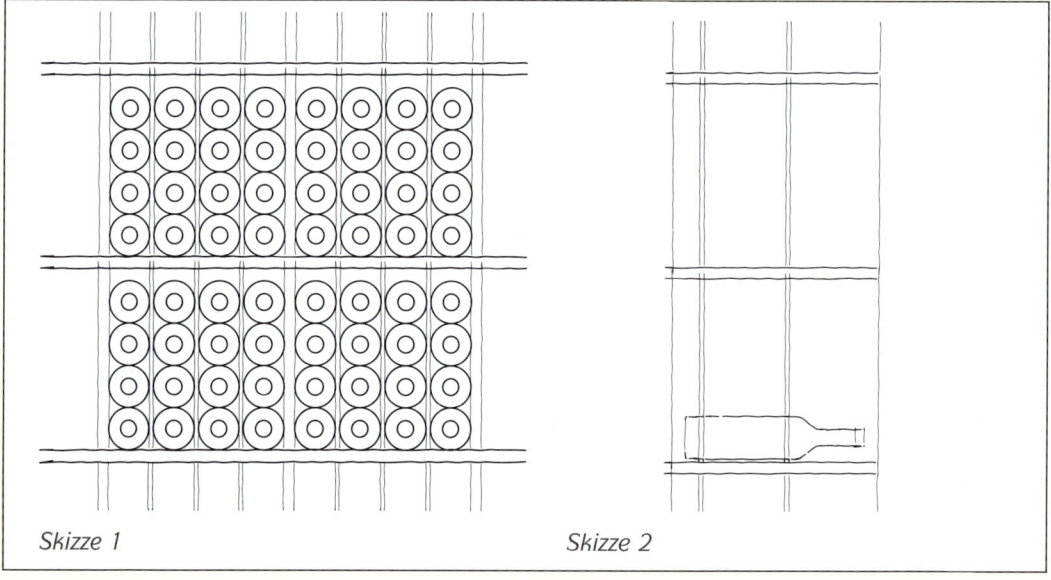

Skizze 1   *Skizze 2*

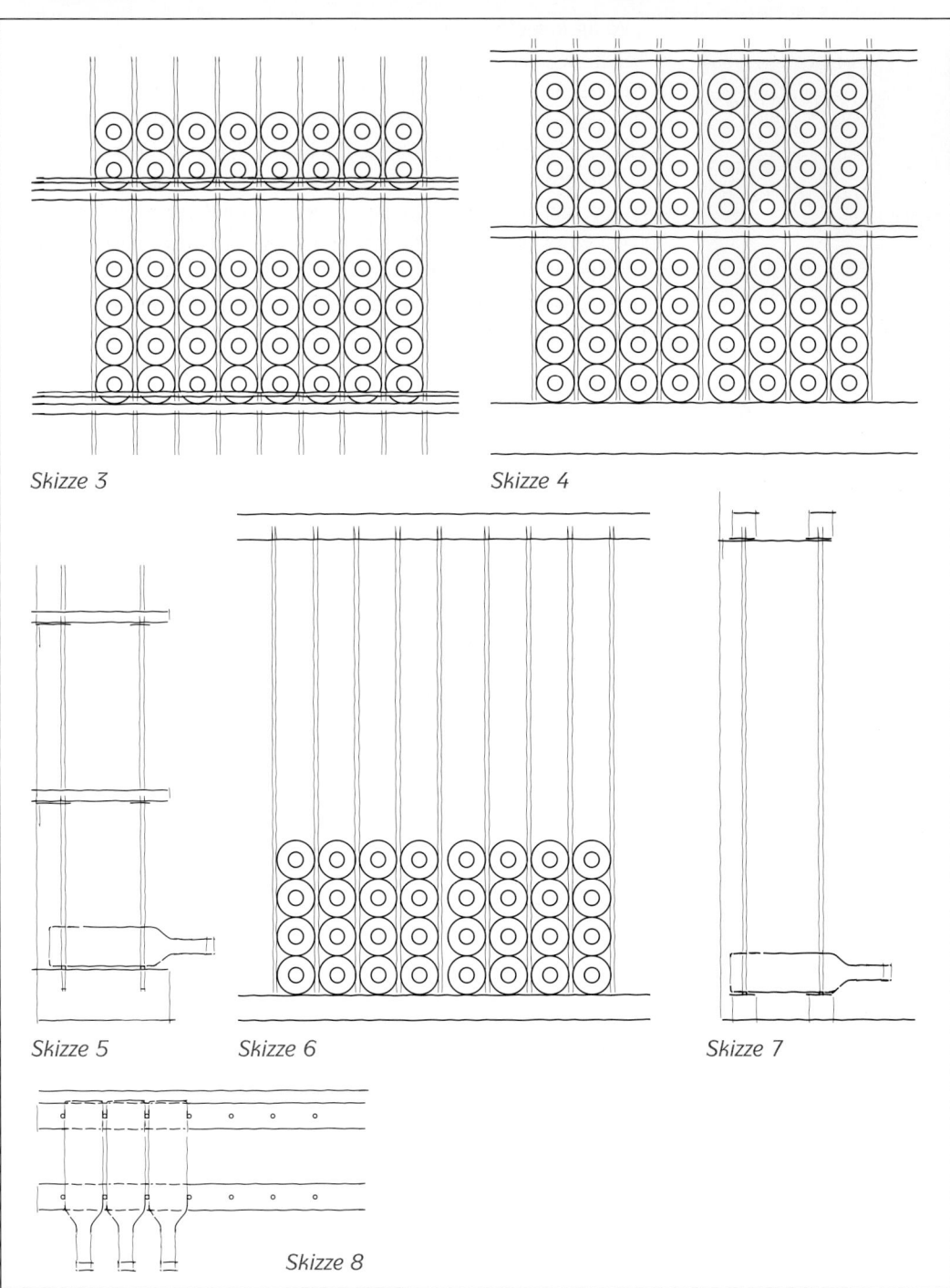

Skizze 3

Skizze 4

Skizze 5

Skizze 6

Skizze 7

Skizze 8

„Völlig losgelöst"

Eine Möglichkeit, ein Weinlager ohne Stützen und Steher zu bauen, ist dieses Regal.

Man braucht dazu Holzbretter von der Tiefe einer Weinflasche. Die Bretter sollten, je nach verwendetem Material, entsprechend breit sein. Vollholzbretter sind meist etwas stärker zu dimensionieren als andere, was aber der Schönheit des Regals keinen Abbruch tut. Ganz im Gegenteil: Es ergibt sich ein guter Kontrast zu den zarten Metallkonstruktionen der Befestigung. (Skizze 2)

Wie bereits erwähnt, werden die Bretter mittels Metallstangen oder -seilen getragen. Die Holzfächer werden mit Winkeln an die Wand geschraubt. Der parallele Abstand richtet sich nach der Höhe der Flaschenstapel. Um den Weinen einen sicheren Halt zu gewähren, werden die Bretter am vorderen Ende durchgebohrt und mittels Stahldraht, Stangen oder Rahmen von der Wand abgehängt gesichert. (Skizze 1)

Variante

Wenn man nicht jedes Fach einzeln montieren will, kann man auch mehrere Bretter mit einer Metallstange oder einem Metallrohr absichern. Die Fächer werden im wandbündigen Bereich wie im vorigen Beispiel entweder mittels Winkeln befestigt oder in die Wand hineinversetzt. Ein schräg von der Wand oder Decke zum Boden verlaufendes Metallelement verbindet und hält die Regale zusätzlich fest. (Skizze 3)

Bei beiden Varianten sind die Fächer fix und daher nur schwer zu verändern. Die Regale selbst sind jedoch sehr zweckmäßig und bieten auf einfache Weise viel Platz für Wein.

Klassische Halterung
für Regalböden

Die Fächer können rechtwinkelig zur Wand oder mit der Vorderkante unmerklich nach oben geneigt montiert werden. Die Flaschen sollen auf keinen Fall aus dem Fach rutschen können.

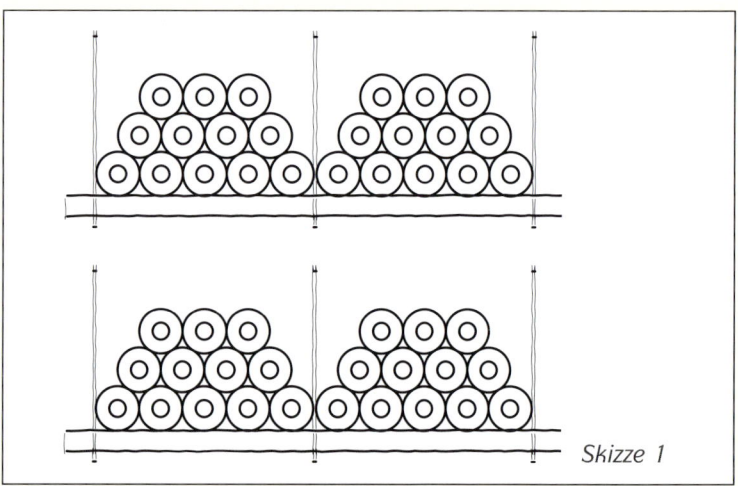

Skizze 1

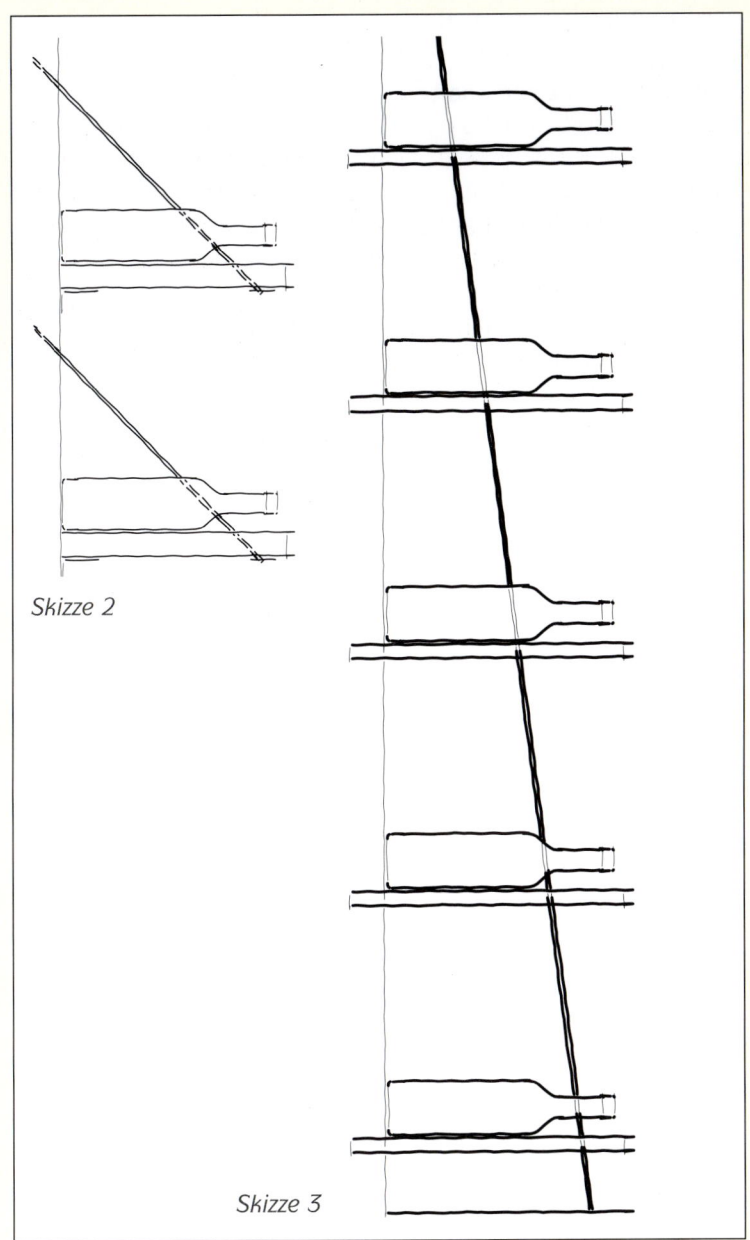

Skizze 2

Skizze 3

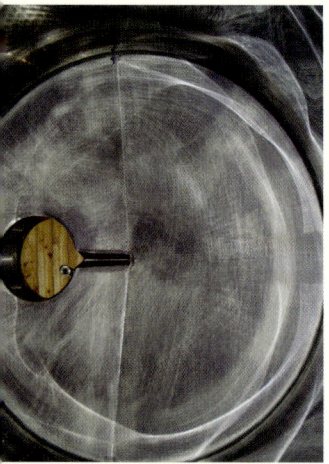

Beispiele aus Metall

Material und Eigenschaften

Metalle finden seit Beginn der Zivilisation vielfältige Anwendung als Werkstoffe.

Sie waren sogar so wichtig, dass Phasen der Menschheitsentwicklung nach ihnen benannt wurden (Bronzezeit, Eisenzeit). Man unterteilt sie nach der Dichte in Leicht- und Schwermetalle. Reine Metalle werden praktisch nie verwendet. Die Verbindungen von verschiedenen Metallen miteinander nennt man Legierungen. Diese haben oft völlig andere Eigenschaften als die reinen Metalle.

Das bedeutendste Leichtmetall ist Aluminium und das wichtigste Werkmetall der Stahl mit seinen zahlreichen Legierungen.

Vorteile	hohe Zugfestigkeit
	trockene Bauweise
	brandbeständig
	fäulnis- und verrottungssicher
	resistent gegen Schädlinge
	leicht zu montieren und zu ändern
	keine Baufeuchte
	dauerhaft
	geringe Querschnitte
Nachteile	schlechte Wärmedämmfähigkeit
	nicht immer korrosionsbeständig
	hohe Materialkosten

„Weniger ist mehr"

Sowohl die Rahmenkonstruktion als auch die Fächer bestehen bei diesem Regal aus Metall. Für den Rahmen können verschiedenste Profilformen miteinander verschweißt werden – es eignen sich quadratische oder rechteckige genauso wie l-, t- oder u-förmige. Dabei können entweder nur Ecksteher oder ganze Seitenteile die Tragkonstruktion, den Rahmen, bilden. (Skizzen 1, 2 und 3, Seite 126, 127)

Bei Metallkonstruktionen ist es allerdings besonders wichtig, dass sie genau gearbeitet werden. Unebene Böden können Probleme bereiten.

Die Einlegeböden der Fächer werden aus Metallblechen gefertigt. Auch hier sind der Phantasie keine Grenzen gesetzt. Die Flaschen können waagrecht oder leicht nach hinten geneigt im Regal lagern. Sie können von geraden Blechen oder Blechwinkeln gehalten werden. (Skizzen 4–8, Seite 126, 127)

Sie können aber auch auf Metallstangen liegen.

Dieses Regalsystem ist ein eher aufwändiges und kostenintensiveres, wirkt aber durch den entsprechenden Materialeinsatz edel und elegant.

Variante
Wem das Regal etwas zu metalllastig ist, der kann die Steher oder die Rahmenkonstruktion auch aus Holz bauen und daran die Metallfächer anschrauben.

Variante
Der Einlegeboden kann auch aus Glas bestehen. Dies verleiht der Konstruktion eine gewisse Transparenz.

Variante
Einen guten Kontrast bilden auch ein Rahmen aus Metall und Kanthölzer, die die Flaschen tragen. (Skizze 9)

Flaschenstapel mit inspirativem Effekt bei Frühwirt, Klöch

Design Weninger, Horitschon

Skizze 1

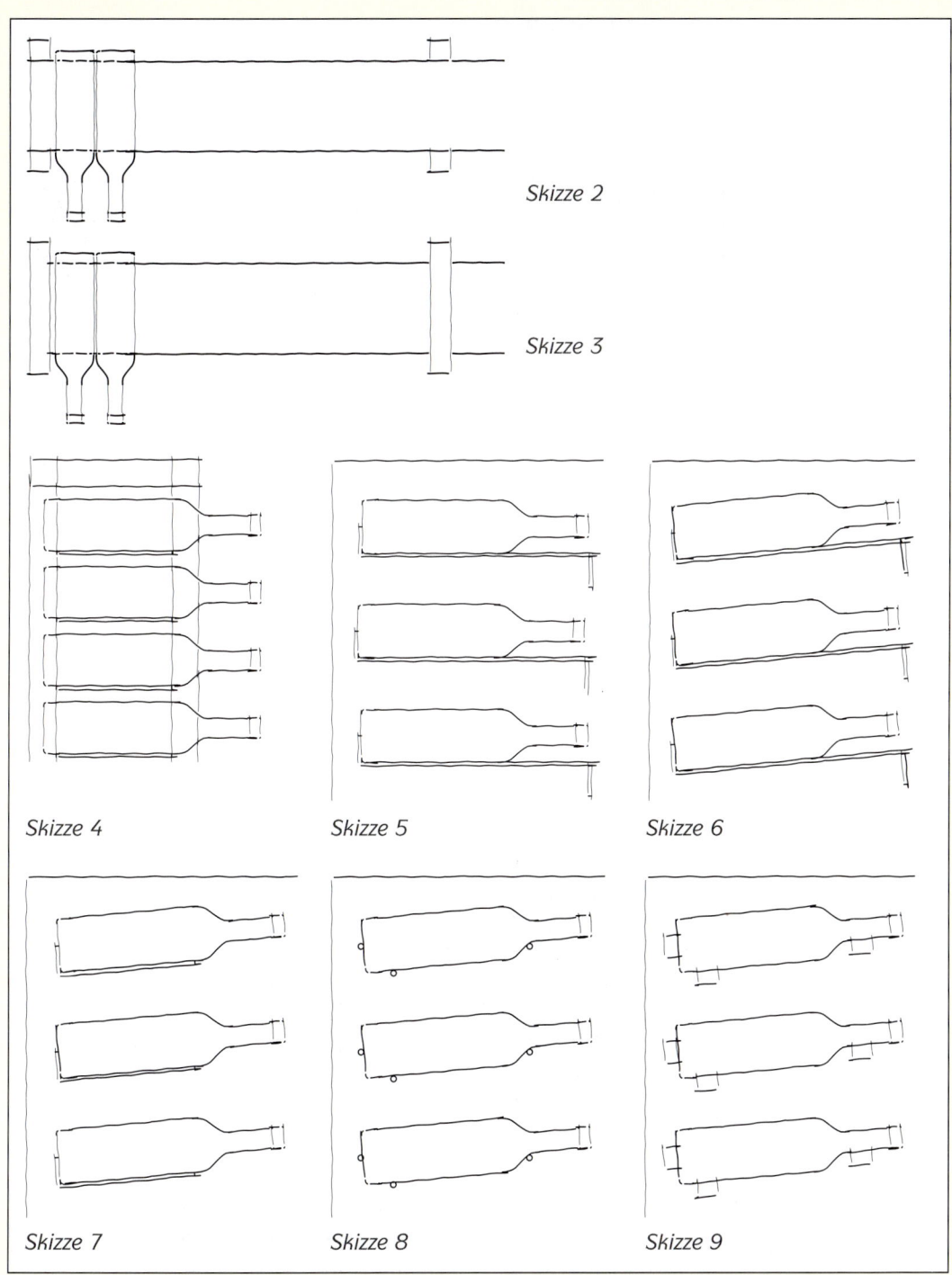

Skizze 2

Skizze 3

Skizze 4

Skizze 5

Skizze 6

Skizze 7

Skizze 8

Skizze 9

„12 unter Par"

Dieses System besteht aus Metallprofilen, die senkrecht an der Wand befestigt werden.

Um eine gewisse Leichtigkeit zu erzielen, empfiehlt es sich, die Profile nicht bündig von der Decke bis zum Boden zu montieren, sondern sowohl oben als auch unten einen Abstand zu lassen. Diese Weinlagervariante eignet sich besonders für unebene Böden oder Keller, bei denen die Bodenbeläge nicht belastet werden sollen oder können.

Wichtig ist eine eben ausgeführte – am besten verputzte – Wandoberfläche. Als Tragkonstruktion eignen sich besonders L-Profile. Aber auch kasten- oder u-förmige Profile mit Flanschen zur Montage können hier Verwendung finden. In die Profile werden Löcher gebohrt. (Skizzen 1 und 2)

Zwei Metallbleche tragen jede einzelne Flasche am Hals. (Skizze 3)

Da die Bohrungen etwas größer als der Flaschenhals sind, müssen die Löcher in den beiden Metallblechen um die Differenz Lochdurchmesser zu Flaschendurchmesser versetzt gebohrt werden. (Skizze 5) Passiert das nicht, stecken die Flaschen nicht waagrecht im Bohrloch, sondern leicht nach unten geneigt. Das ist im geringsten Fall nur ein optischer Makel. Im schlimmsten Fall kann die Flasche aber sogar herausfallen.

Dieses Weinregal ist übersichtlich, wirkungsvoll und lässt sowohl die Wandfläche als auch jede einzelne Flasche voll zur Geltung kommen. Es lässt sich für ganze Wandflächen, aber auch nur für schmale Nischen oder Einzelelemente, wie sie z.B. für die Aufbewahrung von besonderen Weinflaschen oder Magnumflaschen benötigt werden, verwenden. Auch

Für Magnumflaschen ist ein größerer Lochabstand auch zur Wand hin zu berücksichtigen!

Übersichtliches Wandregal für die Einzelflaschenlagerung

Öffnungen in der Wand können leicht ausgespart werden und Fenster sind ungehindert zugänglich.

Alle Etiketten sind – ohne die Flasche zu bewegen – gut lesbar.

Werden mehrere Profile parallel zueinander an einer Wand befestigt, muss man darauf achten, dass man die Flaschen auch hineinstecken und herausnehmen kann. Dazu muss entweder der Abstand der Profile zueinander oder der waagrechte Abstand der Flaschen untereinander groß genug sein. (Skizze 4)

Diese Variante lässt sich wahlweise auch mit Kanthölzern oder Holzbrettern ausführen.

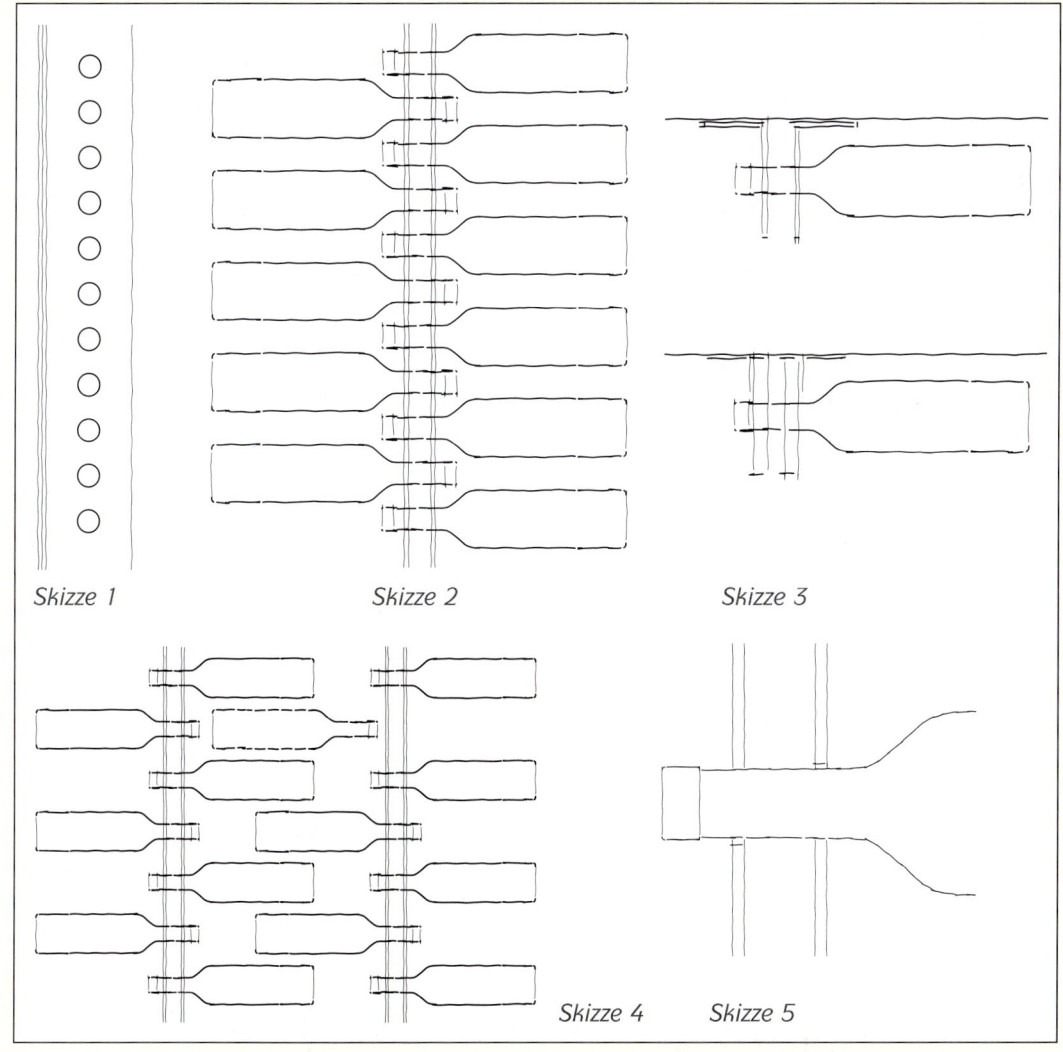

Skizze 1   Skizze 2   Skizze 3

Skizze 4   Skizze 5

„Schach matt-e!"

Als schlichte und zweckmäßige Regalvariante, die ausschließlich aus Metall besteht, eignet sich handelsübliches Baustahlgitter, wie es als Bewehrung für Betondecken und Wände verwendet wird.

Dieses System wirkt leicht, lässt eine optisch ansprechende Wand dahinter noch zur Geltung kommen, eignet sich bei unebenen Wänden und ermöglicht das Unterbringen einer Vielzahl an Flaschen auf wenig Fläche.

Damit es sich für die Aufbewahrung von Weinflaschen verwenden lässt, muss ein entsprechender Gitterraster gewählt werden. Dieser richtet sich nach dem Durchmesser der Flaschen. Der quadratische Raster soll einerseits nicht zu groß gewählt werden, damit die Flaschen nicht zuviel Spiel haben. Andererseits darf der Raster aber auch nicht zu klein bemessen sein, um auch Flaschen mit größerem Durchmesser (z. B. Champagnerflaschen) unterzubringen. Als Empfehlung gilt ein Rasterabstand zwischen 8 und 10 cm. Für einzelne noch größere Flaschendurchmesser kann ein Rasterelement herausgezwickt werden, so dass aus vier kleineren Quadraten ein Großes entsteht. (Skizze 1)

Baustahlgitter sind als Matten in Größen von 5,00 x 2,15 m und 6,00 x 2,40 m erhältlich. Sie sind selbst tragend und – einmal in Position gebracht – auch sehr stabil.

Will man große, durchgehende Regalflächen schaffen, muss das Baustahlgitter entweder schon in der Bauphase in den Keller gelangen oder Mattenteile werden – wie auch auf Baustellen üblich – vor Ort zusammengeschweißt.

Zwei solche Baustahlgittermatten werden im Abstand von etwa 15 cm (je nach Flaschengröße) parallel zur Wand montiert. Die Befestigung kann auf unterschiedlichste Art und Weise erfolgen. Die Matten können an Haken von der Kellerdecke gehängt werden oder mittels metalner Steckeisen oder Gewindestangen, die im rechten Winkel und mit etwas Abstand zur Wand befestigt werden, getragen werden. (Skizze 2) Letztere Methode eignet sich besonders als Abstandhalter und zur Aussteifung der beiden Matten untereinander und muss zusätzlich zur ersten Variante angewendet werden. Das Regal kann aber auch als freistehender Gitterkasten – wie ein Bewehrungskorb – gefertigt und in den Raum „gestellt" oder mit einem Rahmen aus Holz oder Metall versehen werden. (Skizze 3) Hier besteht auch die Möglichkeit, Regalelemente beweglich wie eine Schiebetür auszuführen. Mehrere solcher Schiebeelemente können Platz sparend hintereinander oder wie in einer Bibliothek einander gegenüber befestigt werden. (Skizze 4)

Die Elemente dürfen allerdings nicht zu schwer sein, und die Rollen müssen leicht laufen, um ein ruckartiges Herausziehen der Elemente und somit ein eventuelles Herausfallen der Flaschen zu verhindern.

Baustahlgitter besteht aus Eisen mit geringen Legierungszusätzen. Dieses Material ist hart, rau und rostet. Daher kann die Oberfläche verzinkt oder/und mit einer Pulverbeschichtung versehen werden. Durch letztere besteht auch die Möglichkeit, dem Regalraster eine Farbe zu geben. Aber auch rostige Oberflächen haben ihren Reiz!

Trotz der Oberflächenbehandlung ist beim Ein- und Auslagern der Flaschen aus dem Gitter des Regals darauf zu achten, dass die Etiketten der Weinflaschen nicht abgekratzt werden.

Wichtig ist, dass sich das Baustahlgitter nicht lückenlos über die gesamte Wandfläche erstreckt. Es ist dann sehr schwer, den Raum zwischen Gitter und Wand sauber zu halten. Als Problemlösung eignet sich ein seitlicher Abstand zur Wand, Abstände zwischen den einzelnen, nicht verschweißten Matten oder das Baustahlgitter nicht ganz bis zum Boden hinunterreichen zu lassen. (Skizze 5)

Optisch ansprechend ist auch die diagonale Verwendung des Baustahlgitters. Die Flasche liegt hier fast stabiler als bei der waagrechten Variante.

Weiters ist es auch möglich, die beiden Baustahlgittermatten leicht höhenversetzt anzubringen. Der Abstand kann dann größer gewählt werden. Die Flaschen liegen dann mit dem Flaschenhals auf der vorderen Matte auf. (Skizze 6)

Andeutungsweise Lagerung „hinter Gitter"

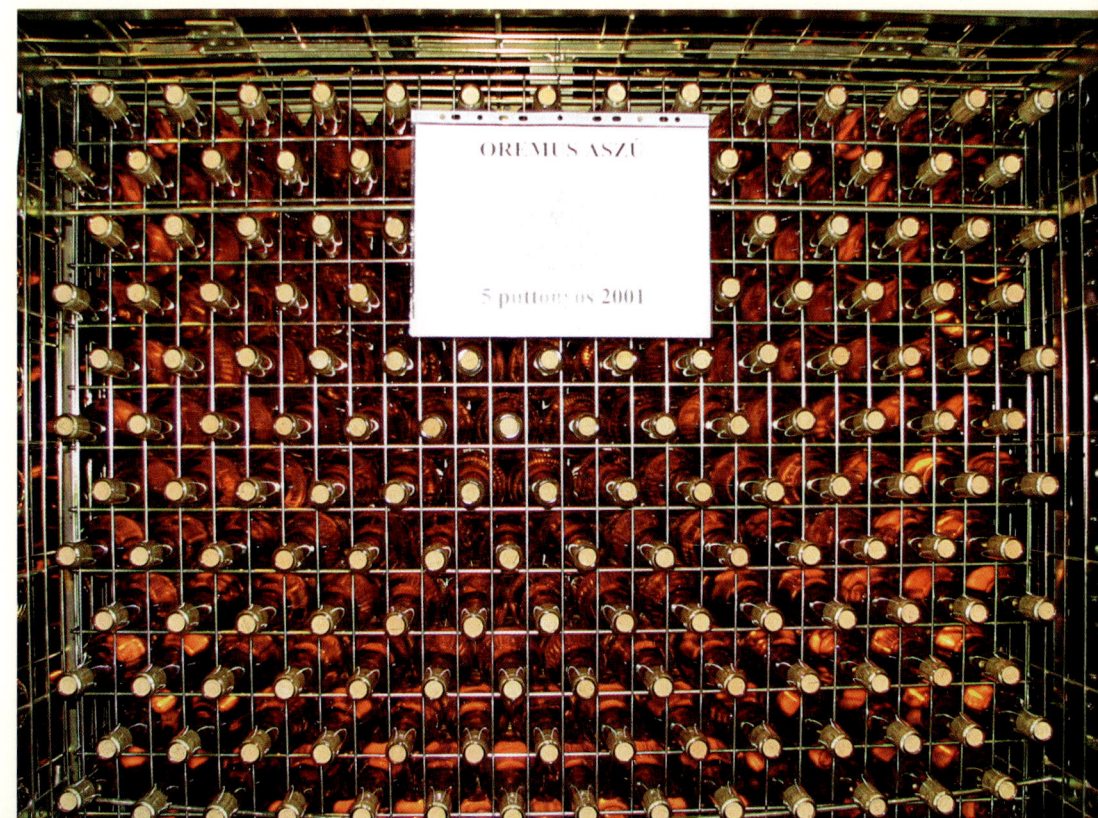

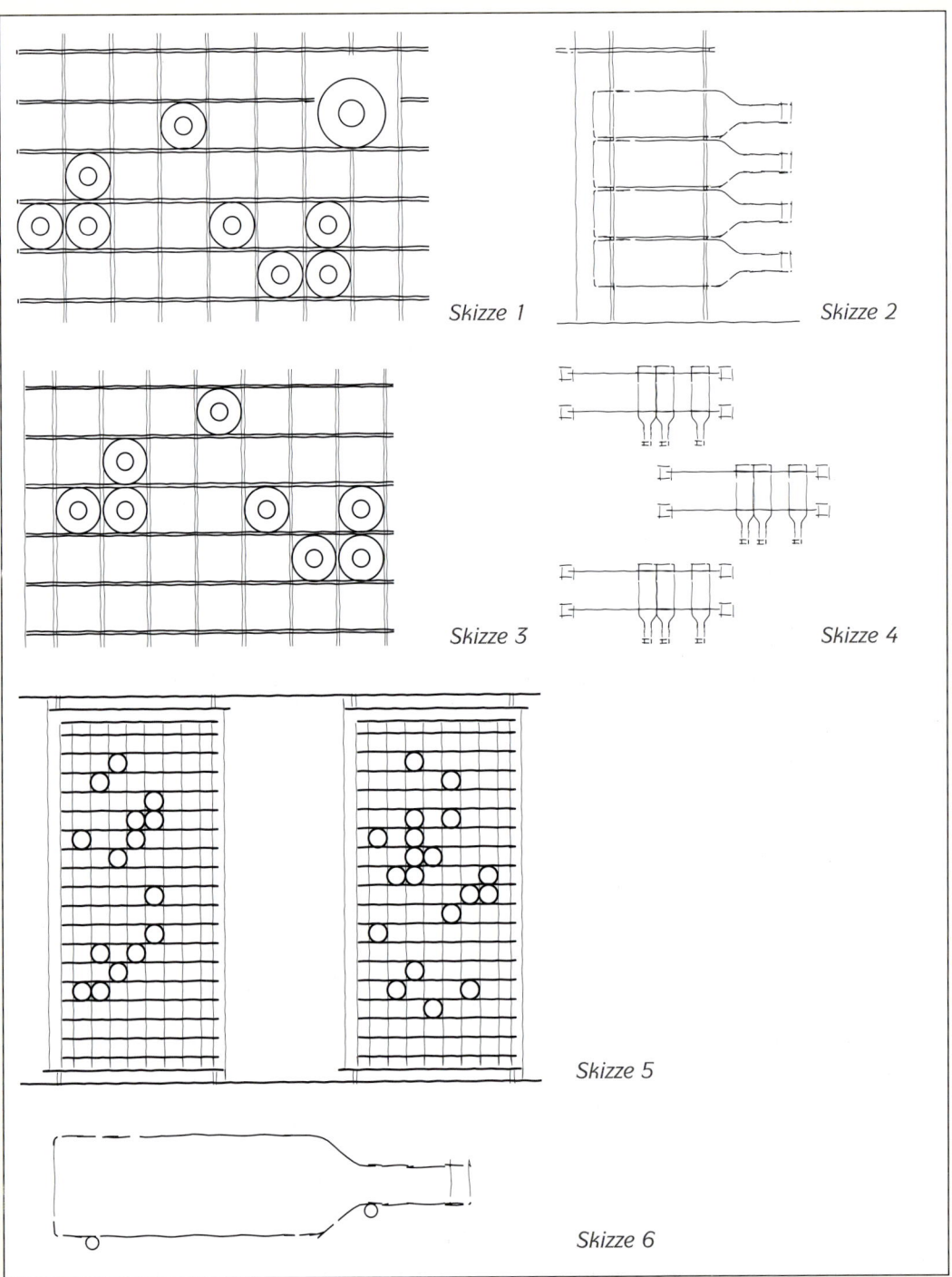

Skizze 1

Skizze 2

Skizze 3

Skizze 4

Skizze 5

Skizze 6

„Schwedische Gardinen"

Dieses Regal ähnelt in seiner Form bereits vorher vorgestellten aus Holz. Es besteht ebenfalls aus gekippten Quadraten. Hier werden die Weinflaschen allerdings anstelle von Voll- oder Kantholz von zwei oder drei Stahlstangen getragen. Da bei der Verwendung von Metall die Materialstärke viel geringer gewählt werden kann, wirkt die Konstruktion noch zarter und feiner. (Skizze 1)

Die Stärke der Metallstangen und der Raster der Quadrate muss allerdings unter Berücksichtigung der Anzahl der gelagerten Flaschen und deren Gewicht gewählt werden, sonst biegt sich die Konstruktion unter der Last.

Im voll belegten Weinregal tritt die Metallkonstruktion optisch zurück, sie ist fast nicht sichtbar. Anstelle der Konstruktion – wie bei anderen Regalen – wirken hier allein die Flaschen. Sie kommen optimal zur Geltung.

Mit diesem System kann man auch in kleinen Kellerräumen viel Wein lagern. Die Ausnutzung ist fast perfekt.

Wichtig ist, dass man nicht allzu viele Flaschen in einem Raster unterbringt. Man muss sonst andere Weine bewegen, um an einen bestimmten zu gelangen.

Variante

Dieses System lässt sich auch in quadratischer Form ausbilden. (Skizze 2)

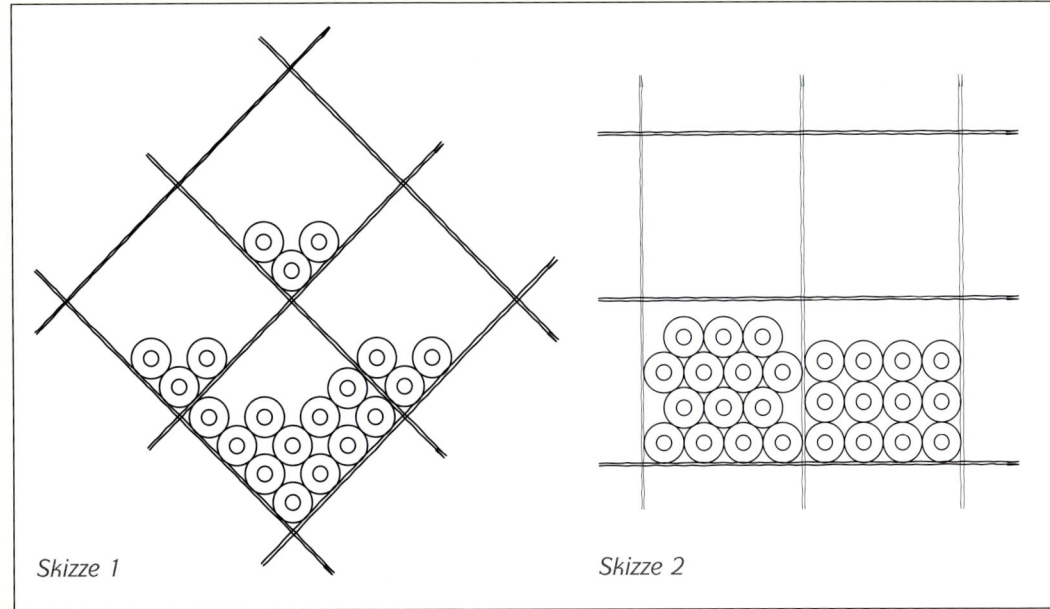

Skizze 1   *Skizze 2*

„Lit-Fass"

Mittig im Raum kann man dieses Regalsystem aufstellen. Es besteht aus zwei ineinandergestellten Metallrohren mit unterschiedlichen Durchmessern. Die Differenz der Durchmesser beträgt allerdings nur 2–3 cm.

In diese Elemente bohrt man in einem gleichmäßigen Raster Löcher, die etwas größer sind als der Flaschenhals breit ist. Auch hier gilt wieder, dass die Bohrlöcher etwas versetzt sein müssen, da die Flaschen sonst herausfallen. (Skizze 1)

Das Regal kann raumhoch ausgebildet werden. Dahinter kann man z. B. auch Lüftungsrohre oder Stützen verstecken.

Auch niedere Elemente können hier sehr wirkungsvoll sein. In 90–120 cm Höhe ausgeführt, eignen sie sich, mit einer Abdeckplatte aus Holz oder Glas versehen, bestens als Tisch oder Bar. Hier lässt sich der Boden im Innenbereich auch leicht reinigen, falls einmal eine Flasche zu Bruch gegangen ist oder ein Korken undicht war. Wichtig ist jedoch, dass die Platte über die Weinflaschen reicht, sonst ist der Abstand zum Tisch zu groß und man kann dort schwer etwas hinstellen.

Auch der Durchmesser einer solchen dekorativen Weinsäule ist frei wählbar. Man sollte sich allerdings im Klaren sein, dass sehr breite Säulen schon selbst und erst mit Flaschen bestückt viel Platz brauchen. Daher eignen sich diese eher für große Räume.

Variante

Wer auf einfache Weise zu so einem Weinregal kommen möchte, der stellt sich ein Holz-Fass in den Keller und versieht dieses mit Löchern.

Variante

Auf ähnliche Weise lassen sind natürlich auch eckige Regale herstellen. Diese eignen sich dann auch für eine wandbündige Aufstellung und brauchen nicht so viel Platz. (Skizze 2)

Variante

Aus fertigen Kanal- und Brunnenbau-Elementen lassen sich bei liegender Verwendung auch Weinregale bilden. Man stapelt mehrere übereinander wie Barrique-Fässer und lagert darin seine Flaschen. (Skizze 3)

Rohre nicht bis ganz an die Decke reichen lassen. Man kann sie sonst nicht mehr aufstellen. Außerdem lässt sich der Innenraum dann nicht mehr reinigen.

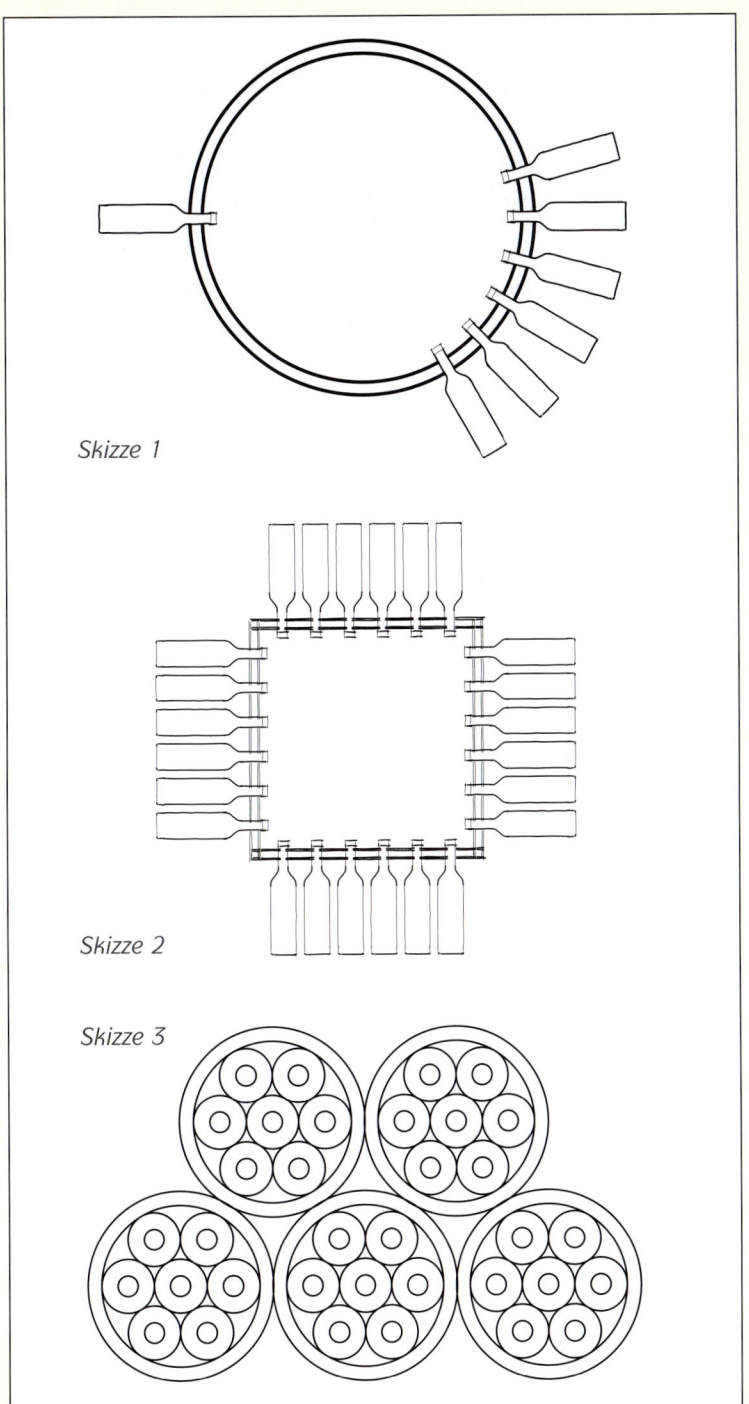

Skizze 1

Skizze 2

Skizze 3

„fix & fertig Metall"

Dieses System besteht aus Leitern und Auflagen. Die Leitern erhalten hinten Kreuzstreben zur Stabilisierung. Jeder Raum lässt sich durch unterschiedliche Bordlängen und -tiefen optimal ausnutzen. Perfekte Ecklösungen ohne Platzverlust! Perfekte Aufteilung, schraubenlose Verstellbarkeit in 5-cm-Rastern. Optimale Raumausnutzung auf kleinster Fläche!

Regalhöhen: 155–200 cm
Regalbreiten: 50–93 cm
Regaltiefen: 43 oder 53 cm
Tragkraft je Regal: 75–100 kg

Vinoté Wine Pods

Massiv ausgeführte Körbe aus gepresstem, schwarz lackiertem Stahlblech und mit der Form eines halben Hexagons werden so zusammengenietet, dass ein auf der Rückseite geschlossenes, vollständiges Sechseck entsteht. Ein Fach der so entstandenen Form einer Honigwabe ist 405 mm breit, 340 mm hoch und fasst bis zu 14 Flaschen. Sie können so viele Elemente zusammensetzen, wie es Ihr Platz erlaubt, nur sollten Sie ab einer gewissen Höhe das Regal zur Wand hin gegen Kippen absichern. Durch sorgfältiges Vernieten der Einzelelemente auf der Vorder- und Rückseite entsteht erst eine ausreichende Stabilität der Körbe. Es kann auch Vorkommen, dass durch die vorstehenden Nieten nicht jede Flaschenform optimal in den Fächern liegt. Diese Flaschen sind sehr gut in den Nischen zwischen Wand und Körben aufgehoben, die gezwungenermaßen entstehen. Da aber ansonsten alle Waben gleich groß sind, bringt dieses Regalsystem wenig Flexibilität, was kleinere Flaschenmengen betrifft.

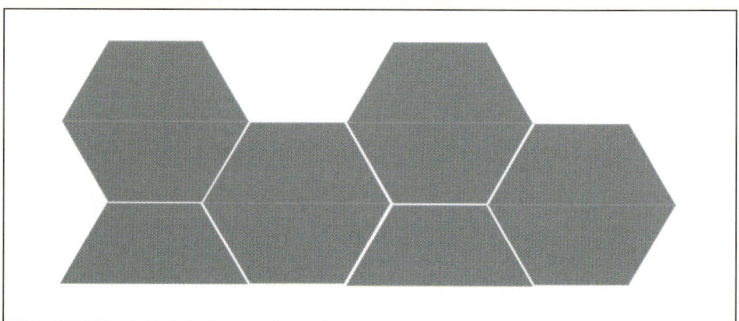

Beispiele aus Glas

Material und Eigenschaften

Glas ist ein amorpher, nicht kristalliner Feststoff. Auch Glas gehört zu den ältesten Werkstoffen der Menschheit. Sein Hauptbestandteil ist Siliziumoxid. Die bedeutendste Eigenschaft von Glas ist sicher seine Durchsichtigkeit. Die Zerbrechlichkeit von gewöhnlichem Glas ist sprichwörtlich. Die Bruchfestigkeit wird stark von der Qualität der Oberfläche bestimmt. Glas ist weitgehend resistent gegen Chemikalien. Bei der Glasherstellung unterscheidet man im Großen und Ganzen zwischen Hohlglas (z. B. Flaschen) und Flachglas (z. B. Glasscheibe). Natürlich gibt es weiters zahlreiche Spezialgläser.

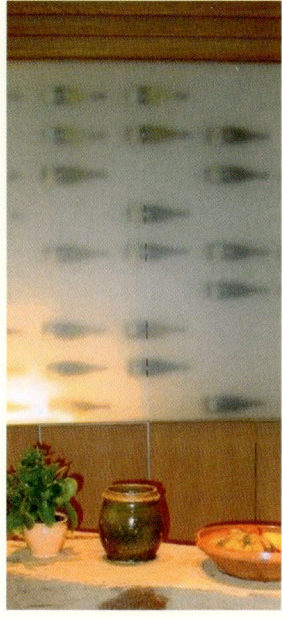

Flaschenregal hinter Milchglasscheibe

Vorteile	trockene Bauweise
	brandbeständig
	fäulnis- und verrottungssicher
	resistent gegen Schädlinge
	resistent gegen Chemikalien
	leicht zu montieren und zu ändern
	dauerhaft
	geringe Konstruktionshöhen
	durchsichtig, wirkt leicht
Nachteile	geringe Druckfestigkeit, zerbrechlich
	schlechte Wärmedämmfähigkeit
	hohe Materialkosten
	wirkt kühl

Glaskonstruktionen zur Flaschenlagerung sind zierlich und reizvoll, mit einem Hauch des Zerbrechlichen

„Schräglage"

Sehr dekorativ, leicht und transparent wirkt dieses Weinregal aus Glas. Durch die Materialwahl tritt die Regalkonstruktion zurück und wird fast unsichtbar. Die Weinflaschen treten optisch hervor und kommen besonders gut zur Geltung.

Wichtig ist hier besonders, dass die Konstruktion gut in der Wand verankert ist und das Material dem Gewicht der Flaschen standhält. Auch bei der Verwendung von Drahtglas u. a. ist dieses Regal nur für geringe Belastungen zu empfehlen und eignet sich deshalb für dekorative Zwecke. Im Keller – in einem Kostraum – bietet es Platz für besonders edle Flaschen und wertvolle Einzelstücke. Aber auch im Wohnraum ist es ein Blickfang für Flaschen, die zwischengelagert werden sollen, um beim nächsten Anlass getrunken zu werden.

Variante

Diese Regalform lässt sich auch leicht aus einem anderen Material – wie Holz oder Metall – erstellen.

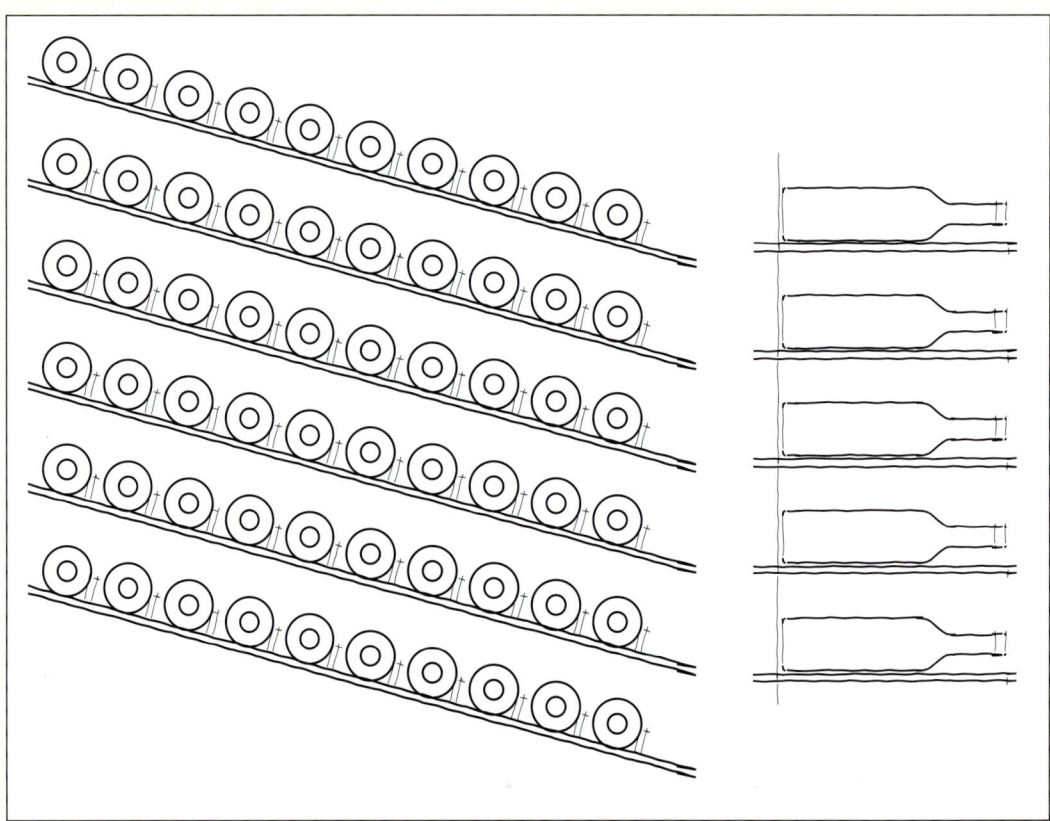

„Scherben bringen Glück"

Auch bei diesem Regal besteht ein Teil der Konstruktion aus Glas.

In eine Glasplatte werden Löcher gebohrt. Durch diese steckt man runde Holzstücke, die später die Flaschen tragen sollen. Wichtig sind die Abstände der Hölzer zueinander. Diese dürfen weder zu knapp noch zu weit auseinanderliegen.

Dieses Weinregal kann nur von einem Fußteil getragen werden. Dieses kann I- oder t-förmig sein und ebenfalls aus Glas oder aber auch aus Metall oder Holz hergestellt werden. Die Glasplatte kann an der Fußkonstruktion angeschraubt oder darin eingespannt sein. Bei letzterer Variante eignet sich z. B. auch eine breitere Holzschwelle. In dieser Form ist das Regal einseitig oder beidseitig verwendbar. Es kann an die Wand gestellt werden oder als Raumtrenner fungieren.

Dieses System ist sehr übersichtlich, elegant und fein, allerdings auch ein wenig aufwändig, da jede Flasche durch eine eigene Konstruktion getragen wird.

Variante

Bei besonders ansprechenden Ziegel- oder Natursteinwänden – die man nicht verstecken, sondern herzeigen möchte – kann die Glasplatte auch schräg an die Wand gelehnt werden. Wand und Weine sind sichtbar, die Tragkonstruktion fast unsichtbar!

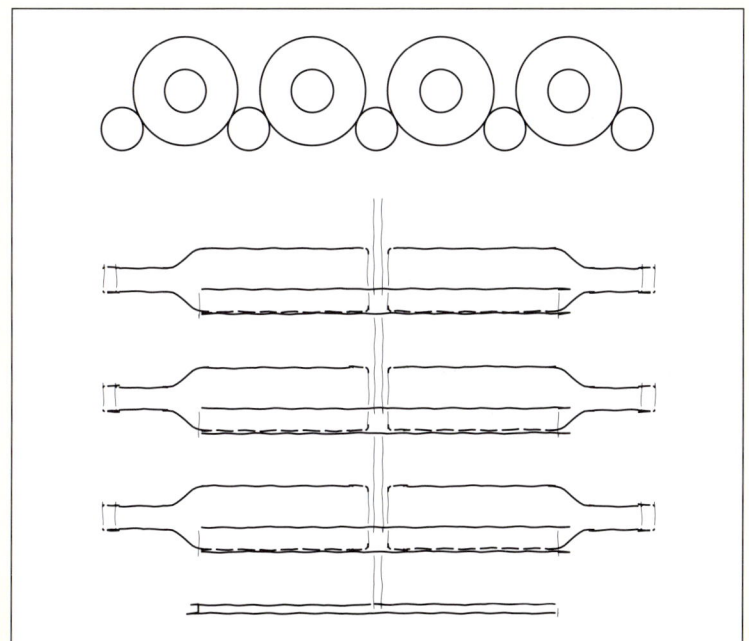

Beispiele aus Beton

Material und Eigenschaften

Beton ist ein künstliches Gestein. Er ist als Baustoff viele tausend Jahre alt. Seine erste große Blüte hatte er schon in der Römerzeit. Prinzipiell setzt sich Beton aus Wasser und Zement (= Zementleim) zusammen. Der Zementleim umhüllt und verkittet die Körner der Zuschläge (= Natursteine unterschiedlicher Größe) und ergibt in Verbindung mit diesen den Beton. Durch Erhärten des Zementleims entsteht Zementstein. Weiters gibt es eine Vielzahl von Zusätzen, die die physikalischen und chemischen Eigenschaften des Betons verändern.

Vorteile	hohe Druckfestigkeit
	kann in Verbindung mit Stahl auf Biegung beansprucht werden
	brandbeständig
	fäulnis- und verrottungssicher
	resistent gegen Schädlinge
	beliebig formbar („flüssiger Stein")
	dauerhaft, formbeständig
Nachteile	hohes Gewicht
	schlechte Wärmespeicherfähigkeit
	hohe Baufeuchte
	diffusionsdicht
	aufwändig zu verarbeiten

Wegen des geringen Gewichts wird bei Innenausbauten meist Poren- oder Gasbeton (Handelsname Ytong) als Einzelstein verwendet. Er wurde in Schweden als Ersatz für Holz entwickelt und setzt sich aus Quarzsand, Zement, Kalk und anderen Zusatzstoffen zusammen. Bedingt durch seine Poren hat dieser Beton sehr gute wärmedämmende Eigenschaften. Die glatten Oberflächen lassen sich einfach verputzen.

Vorteile	sehr Wärme isolierend
	hohe Druckfestigkeit
	leichter Baustoff
	Feuchtigkeit ausgleichend
	resistent gegen Schädlinge
	brandbeständig
Nachteile	geringe Wärmespeicherfähigkeit
	spröde

Symbolhafte Flaschen-
lagerung; Pfneissl,
Kleinmutschen

„Mit dem Kopf durch die Wand"

Eine sehr wirkungsvolle, aber etwas aufwändige Variante, die viel Planung bedarf, ist diese.

In eine freistehende – oder eine bestehende vorgesetzte – Betonwand werden Löcher gebohrt oder rechtzeitig mittels Schalung ausge-
lassen. Die Löcher überziehen die Wandfläche in einem regelmäßigen
Raster und verlaufen leicht schräg nach unten. Der Durchmesser ist
etwas größer als der der Flaschen, so dass die Weinflaschen hineingesteckt werden können. Handelt es sich bei der Betonwand um eine vorgesetzte Wand, bleiben die Flaschen in ihrer Position, indem sie die da-
hinterliegende Wand berühren. Sie können nicht herunterfallen.

Der Aufwand dieser Kon-
struktion ist allerdings nicht
zu unterschätzen!

Steht die Wand aber frei im Raum oder ist der Abstand zur raumbe-
grenzenden Wand zu groß, müssen die Flaschen durch ein Drahtgestell
in der Öffnung gehalten werden. Sie werden dabei mit dem Kopf voraus
eingeordnet.

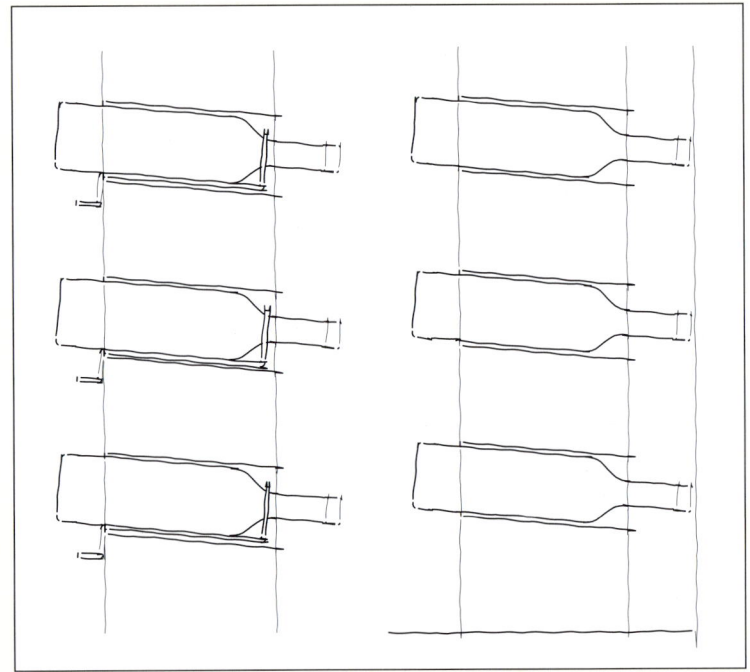

„Beton-g!"

Fast alle Weinregale, die man aus Ziegel oder Naturstein bauen kann,
lassen sich auch aus Betonstein – besser bekannt als Ytong – herstellen.
Das Material ist leicht zu bearbeiten und zu verlegen. Es ist von seiner
optischen Erscheinung hell, fast weiß, wodurch es sich besonders für
dunkle Räume gut eignet. Wer will kann den Betonstein aber auch verputzen.

„fix & fertig Beton"
Flaschenlagersystem aus Bimsbeton (stahlarmiert)

Diese Flaschenweinlagerung eignet sich sowohl für den privaten wie auch
für den gewerblichen Bedarf. Die Konstruktion aus Bimsbeton mit Stahl-
armierung hält den erheblichen Belastungen auch in feuchten Kellern
mit Sicherheit stand und ermöglicht die bequeme und übersichtliche Unterbringung der Flaschen auch auf kleinstem Raum. Dieses Lagersystem
kann selbst geplant, selbst hergestellt oder angeliefert und fachmän-

nisch eingebaut werden. Bimsbeton (stahlarmiert) ist ein für diesen Zweck vorzüglich geeignetes Material. Während Eisen oder Holz von Rost und Fäulnis befallen werden können, ist Bimsbeton gegen die Einflüsse der Kellerfeuchtigkeit unempfindlich, er wird sogar mit der Zeit noch fester und härter und infolge seiner besonderen Struktur auch in feuchten Kellern nicht nass oder glitschig. Es ist daher weder ein Anstrich noch besondere Pflege notwendig, um eine unbeschränkte Standfestigkeit zu erlangen. Die Fachgrößen sind variabel und reichen von 20 über 30, 40, 50, 100 bis zu 200 Flaschen. Die Fachreihen lassen sich als Wand- oder freistehende Regale anordnen. Durch die besondere Formgebung der Fächer eignen sie sich gleich gut für die Lagerung von Schlegel-, Bordeaux-, Burgunder-, Steiermark-, Cognac- und Sektflaschen – entscheidend ist dennoch, dass jede Flaschenform den entsprechenden Stapeltyp erfährt. Die Anordnung und Unterteilung der Regale lässt sich für jeden Einzelfall, je nach den räumlichen Verhältnissen und persönlichen Wünschen, individuell gestalten. Bei Gewölbe z. B. ist zur bestmöglichen Raumausnutzung ein Ausbau bis zur Kellerdecke möglich. Im Zuge einer individuellen Planung ist es möglich und notwendig, die Skizze des in Frage kommenden Raumes, aus der Grundriss, Lage der Eingänge, Kellerhöhe etc. und besondere Wünsche hervorgehen, einzuschicken. Das System ist grundsätzlich sehr einfach, aber dafür dauerhaft und auch für größere Mengen an Flaschen geeignet. Für Klein- und Kleinstmengen ist diese Art der Weinlagerung nicht geeignet.

CAVO-Flaschenlagerung mit Fertigbausteinen

CAVO-Weinregale zeigen Stabilität und Charakter und schützen die Weine vor Licht, Erschütterungen und Temperaturschwankungen. Die Vorteile sind eine flexible Raumausnutzung, ideale Fachgrößen für 12, 18 und 24 Flaschen, einfaches Auf- und Nebeneinanderstellen, höchste Qualität, Schönheit und Sicherheit. Die aus gebrochenem Stein gefertigten Bausteine sind nicht nur stabil und dauerhaft, sondern durch die flaschengerechte Form auch stocksicher, so dass die Flaschen absolut rollsicher und geschützt lagern. Mit nur vier Grundelementen können verschiedenste Formen und Elementgruppen entstehen – der eigenen Phantasie steht nichts im Wege, um den Weinlagerraum optimal ausnützen zu können. CAVO 50 und CAVO 81 sind die Fachböden mit 50 bzw. 81 cm in der Breite und jeweils 29 cm in der Höhe und 27 cm in der Tiefe. Zum jeweiligen Grundelement gibt es als Abschluss obenauf den halbrunden CAVO Boden und die CAVO Abdeckplatte. Die Grundelemente sind mit Nut und Feder versehen, und das bringt eine ausreichende Stabilität zumindest bis 160 cm Höhe. Darüber hinaus muss das zweitoberste Element ohnehin mit einem Winkel mit der Wand verbunden werden. Die

Flexibles Regalsystem mit Fertigelementen zur individuellen Gestaltung

physikalischen Eigenschaften des Materials sorgen zudem für einen Ausgleich der Luftfeuchtigkeit und somit für ein gutes Weinklima. Durch Form und Farbe (Terracotta) entsteht bei systematisch aufgebauten Elementen ein sehr schöner Gesamteindruck mit mediterranem Flair. Ergänzt wird das System mit passendem Zubehör wie einem elektronischen Raumklimamessgerät, das Temperatur und Luftfeuchte anzeigt, ebenso wie Flaschenschiefer, Cravatten, Kreidestifte und Flaschenhalter.

MULTI-Flaschenlagerung mit Fertigbausteinen

Die flaschengerechten Weingestelle von Multi verbinden die perfekte und fachmännische Lagerung von Flaschenweinen mit der idealsten und schönsten Weinkelleratmosphäre. Sie begeistern den Fachmann und den privaten Weinfreund. In den hellen, bordeauxfärbigen Multi-Elementen haben erstaunlich viele Flaschen Platz. Übersichtlich, rollsicher, ruhig und lichtgeschützt, reifen die Weine bei optimalen Bedingungen ihrem höchsten Trinkgenuss entgegen. Ideale Platzausnützung, höchste Qualität, zweckmäßige Einteilung und das umfangreiche Zubehör bieten individuelle Lösungen für jeden Weinfreund.

Beispiele aus Karton

„fix & fertig Karton"

Wenn Sie es gewohnt sind, Wein im Geschenkkarton entgegenzunehmen, schätzen Sie sich glücklich, das heißt Sie erfahren Anerkennung, und man schätzt Ihre Art und Ihre Leistung. Geschenkkartons gibt's als Single, für zwei oder drei Flaschen. Der Geschenkkarton ist Ausdruck des Besonderen, er soll Ihnen nur einen kleinen Einblick in sein Inneres und so eine Ahnung geben, was sich im Inneren verbirgt. Er hilft Ihnen aber auch dabei, das wahre Geschenk – den Wein – sicherer zu transportieren. Die weitere Bestimmung des Geschenkkartons ist, entweder weitergeschenkt zu werden oder im Altpapier zu landen. Den Wein trinken Sie entweder gleich, oder Sie legen Ihn zu den anderen Weinen in Ihren Keller – in Ihr Weinregal. So ähnlich verhält es sich auch, wenn Sie Ihren Wein nicht geschenkt bekommen, sondern Ihn persönlich beim Winzer abholen. So nehme ich an, dass Sie eher auf die Version mit sechs oder 12 Flaschen Inhalt greifen. Diese Kartons haben dann meist nur mehr den Hauch eines Geschenks. Anders zeigt sich die Sachlage beim Erwerb von Wein in Holzkisten, diese sind meist separat zu bezahlen, mit Ausnahme derer in denen sich Wein befindet, bei dessen Bezahlung die Kiste bereits mit einkalkuliert war. Dieser Wein bleibt in der Regel dann auch in der Holzkiste lagernd, bis er getrunken wird. Bei Kartonagen sind wir es gewohnt, diese auszuleeren und den Wein ins Regal umzuschlichten. Warum also nicht auch den Wein im Karton lagern lassen?

Das Weingut Tschermonegg in der Südsteiermark hat sich darüber ebenso Gedanken gemacht und gleich die dazu passende Lösung ent-

Das Prinzip ist einfach – die Umsetzung heißt Tschermonegg

wickelt. Es ist ein klassischer 6er Karton mit einer vorgestanzten Stirnseite, die jederman mit zwei Fingern öffnen kann. Der entscheidende
Vorteil liegt jetzt darin, dass dieser ganz einfach seinen Platz bekommt
und dort bleiben kann, wenn Ihre Lagerbedingungen (Temperatur, Luftfeuchtigkeit) ausreichen, um die Stabilität des Kartons sicherzustellen.
Egal, ob sie die Kartons sortenweise übereinander stapeln oder eben
nicht, Sie können aus jedem Karton Wein entnehmen, ohne umzuschlichten und ohne sich um die Stabilität des Stapels kümmern zu müssen. Während vor allem ungleichförmige Kartonagenstapel sehr häufig
und leicht verrutschen oder kippen, bleiben diese Stöße bis auf eine
Höhe von 9 Kartons auch dann noch stabil, wenn selbst der unterste
Karton bereits leer ist.

*Stabilität und individuelle
Entnahmemöglichkeit*

Beispiele aus Kunststoff

Material und Eigenschaften

Plexiglas gehört trotz seines Namens und ähnlicher Eigenschaften nicht zu den Gläsern, sondern zu den Kunststoffen. Es findet bei der Weinlagerung aber nur bedingt Verwendung, da Kunststoff (ugs. Plastik), wie der Name schon verrät, ein Produkt aus der Chemie ist. Es besteht aus sehr langen, ineinander verschlungenen Molekülketten (Polymeren), die sich aus stets wiederholenden Monomeren zusammensetzen. Aufgrund der physikalischen Eigenschaften der unterschiedlichen Kunststoffe wird zwischen Thermoplasten (weich und verformbar; Verpackungsware, „Plastiksackerl"), Duroplasten (hart und spröde; Polyester, Bakelit) und Elastomeren (weich und flexibel; Kautschuk, „Gummi") unterschieden.

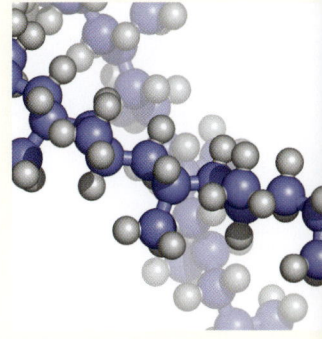

Molekülstruktur bei Kunststoff (Polypropene)

Die Dichte der Kunststoffe liegt zwischen 800 und 2.200 kg/m³, womit zwar die Festigkeit und Steifheit von Metallen oder keramischen Stoffen nicht erreicht werden kann, konstruktive Bauteile allerdings bei vergleichbarer Belastbarkeit erheblich leichter sind. Dafür verhält sich Kunststoff, was die chemische Beständigkeit anbelangt, genau konträr zu Metallen. Organische Stoffe, wie Alkohole, Aceton oder Benzin, wirken zum Teil auf Kunststoff zerstörend, wogegen anorganische Medien (Mineralsäuren, Laugen, wässrige Salzlösungen) Kunststoff nichts anhaben können.

Bei der Be- bzw. Verarbeitung von Kunststoffen ist daher darauf zu achten, welche Hilfsstoffe (Kleber, Farben ect.) Verwendung finden!

„fix & fertig Kunststoff"

Nachdem Kunststoff mit Wein ebensowenig zu tun hat wie Hightech mit Tradition, ist es schwierig, authentische Lagersysteme zu entwickeln. Dennoch findet sich vielleicht das eine oder andere auch für Sie interessante Regal.

Eine Kombination aus Metall und Polypropylen in Form von Körben wird von Les Casiers d'Antan aus Frankreich angeboten. In Verbindung mit einer Melaminplatte – wahlweise kann auch Holz verwendet werden – entsteht ein zierliches Wandregal. Mit den Abmessungen 150x43x38 cm (Höhe/Breite/Tiefe) und einer Kapazität von 30 Flaschen ist das 5-Körbe-Regal zwar nicht Platz sparend, stellt aber ein modernes und praktisches System vor allem für die kurzfristige praktische Weinlagerung dar. Dieselben Polypropylenkörbe allerdings auf einem faltbaren Metallgestell montiert, können 60 bis 80 Flaschen, in 10 Körben verteilt, aufnehmen. Der große Vorteil liegt im geringen Platzbedarf, wenn das Regal zusammengefaltet ist, ansonsten ist es nicht das Platz sparendste System.

Faltregal 10 Körbe

Aber auch in ihrem Baumarkt findet sich das eine oder andere einfache Regalelement zum Stapeln.

*Klassisches Regalelement
vom Baumarkt*

Wer jedoch eine widerstandsfähige und flexible Lösung sucht, findet in diesem System die Lösung. Die STECO-Weinbox bietet mit ihrer robusten Konstruktion entsprechenden Schutz für produktgerechte Lagerbedingungen und ausreichend Platz für die fachgerecht liegende Aufbewahrung von 12 Standardweinflaschen à 0,75 l. Mehrere Boxen lassen sich nicht nur zu einem attraktiven und funktionellen Weinregal stapeln, auch Ordnung und Übersicht sind dank der Etikettenklammern auf der großen Klappöffnung gewährleistet. Platz sparend flach aufgeklappt, kann die STECO-Weinbox im Leerzustand bequem gelagert oder transportiert werden. Darüber hinaus ist sie rasch auf- und abbaubar (aufgeklappt nur 20 % des Volumens), und die große Klappöffnung auf der Vorder- und Rückseite der Box erlaubt ein Entnehmen des Inhalts auch bei gleichzeitig flexibler Stapelbarkeit zu einem attraktiven Weinregal. Robust und unempfindlich gegen Feuchtigkeit und mit praktischen Etikettenklammern auf den Klappen, in den Farben Weinrot und Dunkelgrün, bleibt die Übersichtlichkeit immer gewahrt.

Außenmaße (mm): 454 x 266 x 247

Nutzinnenmaße (mm): 430 x 241 x 228

Tara (g): 1550

Tragkraft/Box (kg): 18

Gesamtkapazität/m² bei 1,92 m Stapelhöhe und 12 Flaschen à 0,75 l/Box: 768 Flaschen

Der spanische Hersteller Lasentiu bietet ein System an, das zu 100 % aus wieder verwertetem und verwertbarem Kunststoff (85–95 % Polypropylen und Polyethan), namens „Syntrewood", hergestellt ist. Es ist sehr einfach und basiert auf einem Stück mit welliger Form und vier v-förmigen Buchten, die im Winkel von 90° zueinander liegen. Ein Element misst 560 x 315 x 75 mm (B x T x H), und durch die spezielle Form lassen sich diese Elemente bis zu einer beliebigen Höhe ohne zusätzliche Komponenten stapeln.

Wellenprinzip von Lasentiu, statpelbar, stabil und leicht

Nach diesem System könnte man auch mit Well-Acryl, das in jedem Baumarkt erhältlich ist, individuelle Weinregale selbst bauen. Das Well-Plastik sollte mindestens 3 mm Stärke und einen Radius von 4,5 cm aufweisen. Die Tiefe des Regals und somit die Streifenbreite (20–22 cm) richtet sich nach der Flaschengröße und ob der Flaschenhals sichtbar sein soll oder nicht. Die Bahnen werden dann so übereinander gelegt, dass Wellental und -berg aufeinander liegen, damit diese aus Gründen der Stabilität mit einer einfachen Blindniete (3 x 8 mm) verbunden werden können.

„völlig leergetrunken"
... Umweltgerechte Endlagerung im Glas-Container ...

Materialwahl

	Ziegel	Naturstein	Holz	Metall	Beton	Ytong	Glas	Kunststoff
Druckfestigkeit	+ +	+ + +	+ +	+	+ + +	+ +	+	+
Gewicht	+ +	+	+ + +	+ +	+	+ +	+ +	+ + +
Wärmespeicherfähigkeit	+ + +	+ + +	+ +	+	+	+	+	+
Trockene Bauweise	+ +	+ +	+ + +	+ + +	+	+ +	+	+ + +
Schnelle Bauweise	+ +	+ +	+ + +	+ +		+ +	+ +	+ + +
Einfache Bearbeitbarkeit	+ +	+	+ + +	+ +	+	+ +	+ + +	+
Resistent gegen mechanische Einwirkung	+ +	+ + +	+	+ +	+ + +	+	+	+ +
brandbeständig	+ + +	+ + +	+	+ + +	+ + +	+ + +	+ +	+
Resistent gegen Schädlinge	+ + +	+ + +	+	+ + +	+ + +	+ + +	+ + +	+ + +
Resistent gegen chemische Einflüsse	+ + +	+ +	+ +	+ +	+ +	+ +	+ + +	+
Resistent gegen Feuchtigkeit	+ + +	+ + +	+	+	+ + +	+ + +	+ + +	+ + +
Lebensdauer	+ + +	+ + +	+ +	+ +	+ + +	+ +	+ +	+ + +
Kosten	+ +	+ + +	+	+ + +	+ +	+ +	+ + +	+
Verfügbarkeit	+ +	+	+ + +	+ +	+ +	+ +	+ +	+ +
Nachhaltigkeit	+ +	+ + +	+ + +	+	+	+	+	+
Raumklima, atmungsaktiv	+ + +	+ +	+ + +	+	+	+ +	+	+
Formbarkeit	+ +	+	+ +	+ +	+ + +	+ +	+ +	+ + +
Farbe, Oberfläche	+ +	+ + +	+ + +	+ +	+ + +	+	+ + +	+ + +

+ + + sehr gute/hohe/intensiv   + + mittelmäßig   + wenig befriedigend/niedrig/gering

Anhang

Qualitätsnormen

Hat man sich nun den richtigen Raum und das optimierte Weinlagersystem zurechtgerichtet, geht es daran, den passenden Wein einzukaufen. Dass dabei die Qualität natürlich im Vordergrund steht, sollte alleine aus den Inhalten der vorangegangenen Kapitel eigentlich selbstverständlich sein. Doch was verstehen wir unter Qualität, wer definiert Qualität und vor allem wie wird Qualität veranschaulicht? Die Antworten auf diese Fragen sind weder kurz noch leicht erklärt.

Qualität (lat.: qualitas = Beschaffenheit, Merkmal, Eigenschaft, Zustand) ist ein Begriff, dessen Definition ebenso unterschiedlich aufgefasst werden kann, wie die Vorstellung jedes Einzelnen von einem guten Wein. Der freien Enzyklopädie Wikipedia ist zu entnehmen, dass im Gegensatz zur Quantität, bei der es sich exakt um Mengen- oder Messwertangaben handelt, Qualität sich im wirtschaftlichen Alltag als ein allgemeiner Wertmaßstab etabliert hat. Das internationale Normierungsgremium IEC (International Electrotechnical Commission) mit Sitz in Genf formuliert Qualität als die Übereinstimmung zwischen den festgestellten Eigenschaften und den vorher festgelegten Forderungen einer Betrachtungseinheit oder kurz die Übereinstimmung zwischen Ist und Soll. Damit kann jede und jeder einen eigenen Wertmaßstab bilden und darf nur eines nicht vergessen: Enttäuschung ist immer das Ergebnis unerfüllter Erwartungen!

Die Besonderheit in Bezug auf Wein ist, dass genau dieses zuvor genannte Soll in fast allen weinbautreibenden Ländern und Gebieten dieser Erde unterschiedlich ausgelegt und auch definiert wird. Nicht nur zwischen „neuer Welt" (USA, Südamerika, Australien, Neuseeland und

Südafrika) und „alter Welt" (Europa) klafft diese Einteilung nach Qualitäten auseinander, selbst innerhalb Europas gibt es zwei grundlegende Prinzipien. Das allemanische, auch germanische, Prinzip der Qualitätspyramide mit aufsteigenden Reifegraden und das romanische Prinzip, bei dem die Herkunft der Trauben über allem steht – „geprüfte Qualität" und „geborene Qualität".

Länder mit romanischem System sind:
    Spanien
    Italien
    Frankreich
    Portugal

Länder mit germanischem System sind:
    Deutschland
    Österreich

Österreich

Weingeographisch gibt es in Österreich 24 Weinbaugebiete, die zu vier Weinbauregionen zusammengefasst sind. Dennoch ist die Herkunft eines Weines alleine aus einem definierten Weinbaugebiet noch kein Garant für Qualität, wenngleich auch Voraussetzung für Qualitätswein. Die Kostkommission der staatlichen Prüfnummer entscheidet letztendlich darüber, ob ein Wein auch zum Qualitätswein wird. Fehlerfreiheit, Harmonie und die der Bezeichnung typische Eigenart, also Sorten- und Jahrgangstypizität, werden kontrolliert. Das Herkunftsprinzp, wie sie im romanischen System üblich ist, wurde 2002 mit der praktischen Einführung des Begriffes DAC (Districtus Austria Controllatus) im Weinrecht verankert. Dazu bedarf es Interprofessioneller Komitees (regionale Weinkomitees) mit rechtlichem Status und mehr Selbstbestimmung, die in den Weinbaugebieten eingerichtet werden. Mittlerweile gibt es DAC-Weine aus dem Weinviertel, Traisental, Mittelburgenland und bald auch dem Kamptal.

Die Qualitätsstufen sind abhängig von der Reife der Trauben (°KMW = Grade Klosterneuburger Mostwaage; Angabe des Zuckergehaltes der Trauben über die Dichte) und der Verarbeitungsweise (Edelsüße Weine).

Die Angabe des Restzuckergehaltes in Österreich und Deutschland:

Angabe der Restsüße bei Wein	
0-4 g/l	extra trocken oder trocken; sec, dry, secco asciutto, suchoy, …
bis 9 g/l	wenn der Säuregehalt nicht mehr als 2,0 g/l niedriger liegt
9-12 g/l	halbtrocken; demi-sec, medium dry, semisecco, fészéraz, imixiros, meio seco, polsuho
12-18 g/l	halbtrocken, wenn der Säuregehalt nicht mehr als 10,0 g/l niedriger liegt (gilt nicht in AT)
12-45 g/l	lieblich; abboccato, abocado, amabile, félédes, imiglykos, medium, moelleux, meio doce und polsladko
Über 45 g/l	süss; doux, sweet, dolce

Angabe der Restsüße bei Schaumwein	
0-6 g/l	extra brut, extra herb
unter 15 g/l	brut, herb
12-20 g/l	extra trocken oder extra dry
17-35 g/l	trocken, dry oder sec
33-50 g/l	halbtrocken
über 50 g/l	mild

„Qualitätspyramide in Österreich"

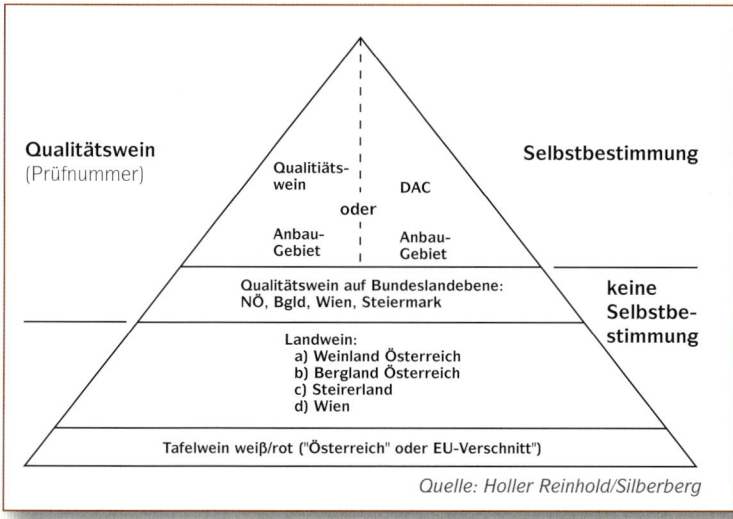

Quelle: Holler Reinhold/Silberberg

Tafelwein
Die unterste Stufe stellt, wie in allen Mitgliedstaaten der Europäischen Union, der Tafelwein dar – noch! Denn geht es nach der EU, wird mit der Änderung im Weinrecht auch die Bezeichnung für Tafelwein, bei dem momentan nur die Verkehrsbezeichnung (Tafelwein), das Mitgliedsland (z. B. Österreich), Alkoholgehalt, Restzuckergehalt und keine Sorten- oder Jahrgangsangabe zulässig sind, um einiges liberaler. So soll es in Hinkunft nur mehr Wein mit und ohne Herkunftsangabe geben, und bei Wein mit Herkunft wird zwischen geografischer Ursprungsbezeichnung und geschätzter geographischer Angabe (g. g. A) unterschieden werden.

Landwein
Tafelwein bestimmter Anbaugebiete (b. A.) hat zur Ernte mindestens 14 °KMW (Klosterneuburger Mostwaage) aufzuweisen und darf den Hektarhöchstertrag von 6.750 Liter nicht überschreiten. Für Landwein gelten, mit Ausnahme der staatlichen Prüfung, dieselben Vorgaben wie für Qualitätswein. Beim Hinweis auf die Herkunft darf nur eine Weinbauregion (Bergland, Steirerland, Weinland, Wien) angeführt sein, Sorten- und Jahrgangsangabe sind zulässig.

Qualitätswein

Die Trauben müssen einem Weinbaugebiet entstammen, in der Qualitätsrebsortenverordnung eingetragen sein, die Hektarhöchstertragsmenge von maximal 9.000 kg/ha nicht überschreiten und sich als Wein der amtlichen Kontrolle stellen. Qualitätswein ist nicht nur an der Staatlichen Prüfnummer (z. B. S 1234/08) erkennbar, sondern auch durch die rot-weiß-rote Banderole auf der Flaschenkapsel. Die Angabe der geographischen Herkunft (Gebiet) ist verpflichtend anzuführen, Sorten- und Jahrgangsangabe sind erlaubt! Ebenso darf Qualitätswein nur in Glasflaschen, Sinterkeramikgefäßen und Holzfässern an den Verbraucher abgegeben werde, Tetrapack und Bag-in-Box sind für Qualitätswein tabu!

Kabinettwein
Eine Naturvariante des Qualitätsweines ist der Kabinettwein. Höhere Traubenreife, Anreicherungs- und Süßungsverbot sowie Alkohol- (13 % vol.) und Zuckerrestobergrenze (9,0 g/l) machen Kabinett zum Inbegriff für naturbelassenen Weinausbau.

Prädikatswein
Spätlese, Auslese, Beerenauslese, Ausbruch, Eiswein, Strohwein und Trockenbeerenauslese sind speziell bereitete, natursüße Weine mit spürbarem Restsüßegehalt, der ausschließlich durch Gärungsunterbrechung entstanden sein darf.

Schaumweine

Sekt und Perlwein unterliegen keiner amtlichen Qualitätsprüfung. Bei der Bezeichnung ist insbesondere durch Imprägnierverfahren hergestellter Sekt als „mit zugesetzter Kohlensäure" zu kennzeichnen. Der Begriff „Hauersekt" darf nur bei Qualitätsschaumweinen bestimmter Anbaugebiete verwendet werden, wenn der Hersteller die Trauben selbst produziert, und ist daran erkennbar, dass das Weinbaugebiet am Korken eingedruckt ist und auch Sorten- und Jahrgangsangabe zulässig sind.

Deutschland

Die Reben werden in 13 verschiedenen Weinbaugebieten angebaut und wie auch in Österreich nach der Reife der Trauben von Tafelwein über Landwein bis hin zu Qualitätswein b. A. (bestimmter Anbaugebiete) und Qualitätsweine mit Prädikat kategorisiert. Die Herkunft der Trauben spielt bei der Bezeichnung des Weines die entscheidende Rolle, und ob ein Wein Qualitätswein b. A. ist oder nicht, entscheidet eine Kostkommission der amtlichen Weinprüfstelle. Qualitätsweine b. A. sind mit der Amtlichen Prüfnummer (A.-P.-Nr.) zu kennzeichnen. Darüber hinaus können Weine, bei entsprechender weinbaulicher und kellerwirtschaftlicher Pflege und mindestens 3,5 Punkten bei der sensorischen Prüfung nach dem 5-Punkte-Schema, seit 2006 mit dem Deutschen Güteband Wein der DLG (Deutschen Landwirtschaftlichen Gesellschaft) ausgezeichnet werden und eine entsprechende Kontrollnummer auf der Banderole anbringen. Diese Nummer ermöglicht es dem Konsumenten, auch detaillierte Angaben zum Wein, dem Anbaugebiet, dem Erzeuger und dem Handelspartner sowie zusätzlicher Speise-Empfehlungen über das Portal www.wein.de zu erhalten.

Schweiz

Das Schweizer Weinbaugebiet unterteilt sich in drei Regionen, die sich aus den einzelnen Kantonen zusammensetzen: die Westschweiz, die Deutschschweiz und die italienische Schweiz. Die jeweiligen Kantone verwenden teils unterschiedliche weinspezifische Begriffe, welche zur Kennzeichnung und Aufmachung eines Weines mit Ursprung in der Schweiz verwendet werden, z.B. Flétri, flétri sur souche, für einen nicht angereicherten und gesüßten Süßwein mit kontrollierter Ursprungsbezeichnung und einem potentiellen Alkoholgehalt von mindestens 13 % vol. – entsprechend der Spätlese in Österreich.

Weine mit kontrollierter Ursprungsbezeichnung (KUB/AOC) sind Weine, die mit dem Namen eines Kantons oder eines geografischen Gebiets eines Kantons bezeichnet sind. Die Kantone legen die Anforderungen an die kontrollierten Ursprungsbezeichnungen fest. Diese umfassen insbesondere die geografische Abgrenzung des Gebietes, die zugelassenen Rebsorten, Anbaumethoden, Mindestzuckergehalt der Trauben (15,2 bzw. 15,8 °Brix für weiße und 17 °Brix für rote „Gewächse"), Höchstertrag je Flächeneinheit (1,2 bzw. 1,4 kg/m^2 für weiße und 1,0 bzw. 1,2 kg/m^2 für rote „Gewächse"), oenologische Verfahren und ein System zur Analyse und organoleptischen Prüfung des verkaufsfertigen Weines.

Trauben für Landwein, die aus einem größeren geografischen Gebiet als einem Kanton geerntet werden, benötigen mindestens 14,4 ° Brix und max. 1,8 kg/m^2 bei weißen und 15,2 °Brix und max. 1,6 kg/m^2 bei roten „Gewächsen". Landweine mit traditioneller Bezeichnung werden aus Trauben eines einzigen Kantons hergestellt und bezeichnet, sofern die Bezeichnung nicht bereits für einen Wein mit einer kontrollierten Ursprungsbezeichnung benutzt wird. Traditionelle Bezeichnungen sind: Dôle, Dorin, Fendant, Goron, Nostrano, Salvagnin.

Ungarn

Das ungarische Weingesetz ist ähnlich dem der westlichen Nachbarn. Die Weine werden aufgeteilt in: 1. Asztai Bor (Tafelwein) 2. Táj Bor (Landwein) 3. Minöségi Bor (Qualitätswein). Das Land hat 22 Anbaugebiete und 6 Regionen. Die Qualität wird nach °KMW oder Oechslegrade bestimmt, Ertrag und Herkunft spielen ebenso eine Rolle.

Frankreich

Als Land mit traditioneller herkunftsbezogener Qualitätsstruktur gilt Frankreich als Verfechter der „geborenen" Qualität. An der Spitze der Qualitätspyramide steht der AOC-Wein (Appellation d'Origine Contrôlée), basierend auf Vins Délimités de Qualité Supérieur (VdQS), Vin de Pays (Landwein) und Vin de Table (Tafelwein). Die kontrollierte Herkunftsbezeichnung wurde Anfang des 20. Jahrhunderts entworfen und 1935 mit der Gründung der INAO (Institut National des Appellations D'Origine) in die Tat umgesetzt. Über 400 Appellationen werden dort überwacht und Vorschläge zur Änderung in der Gesetzgebung, auf Initiative der Appellationen, entworfen. Je kleiner das bezeichnete Gebiet ist, desto höher sind die Qualitätsanforderungen. Zusätzlich zur Gebietsklassifizierung kommt noch die Wertung der Châteaux. 1855 Wurden die Châteaux erstmals klassifiziert und in Premier crus, Deuxièmes crus, Troisièmes crus, Quatrièmes crus und Cinquièmes crus eingestuft. Eine Höherstufung war kaum möglich, wurde doch seinerzeit der Preis, den ein Wein über lange Zeiträume hinweg erzielte, als Hauptkriterium herangezogen. Besaß ein Crus classé einen offiziellen Rang und gehörte der Besitzer dem Syndicat des Crus bourgeois an, konnte er auch fast nichts an Rängen verlieren. Die Qualitätseinstufung im Bordeaux erfolgt

stärker nach lokalen Grundlagen. Im Burgund hingegen spielen die Potenziale der Lagen zur Qualitätseinstufung eine größere Rolle. Gibt es doch nicht weniger als 30 Grands crus mit eigener Appellation, die im Burgund nicht den Namen der Gemeinde trugen. In stolzer Einfachheit heißen diese „Le Corton", „Le Musigny", „Le Montrachet" bis ins 19. Jahrhundert, wo die Ortsnamen den Grands Crus hinzugefügt wurden – Aloxe-Corton oder Puligny Montrachet.

Der Anteil an AOC-Weinen an der Gesamtproduktion ist gemäß einer Statistik aus dem Jahre 1999 auf 51 % gestiegen, Vin de Pays Weine machen 31 %, Vin de Table 18 % der Gesamtproduktion aus.

Spanien

Wie auch in Portugal stellt Vino de Mesa die unterste Stufe der Qualitätspyramide dar. Wein mit Jahrgangs- und Rebsortenangabe sind Vino de la Tierra (Landwein). 42 VdlT-Regionen gibt es, wobei rund die Hälfte der spanischen Rebfläche, insgesamt 64 Gebiete, die kontrollierte Herkunftsbezeichnung Denominación de origen (DO) verwenden darf. Rioja und Priorat dürfen sogar die Bezeichnung Denominación de origen calificada (DOCa) führen, und seit 2003 sind auch zwei Einzellagen (Vino de Pago) definiert. Qualitätsstufen, die innerhalb eines Anbaugebietes Gültigkeit besitzen sind: Cosecha (abgestufte, unvollständige Weine), Vino joven (klassischer Ausbau ohne Holzfass), Semi

Crianza oder Crianza Corta (zu kurze Holzfasslagerung für Crianza), Crianza (6-monatiger Fasslagerung, 12–18-monatige Flschenreife, mindestens 24 Monate alt bei Verkaufsstart), Reserva (mind. 1 Jahr Fasslagerung und 2 Jahre Flaschenlager) und Grand Reserva (mind. 2 Jahre Fasslagerung und 3 Jahre Flaschenlagerung)

Italien

Das Weingesetz teilt die Weine in vier Klassen, von den höchsten Klassen DOCG und DOC bis zur niedrigsten Klasse des Vino da Tavola. Die höchste Klasse stellt eine „Überklasse" des DOC dar. Der Begriff „Denominazione Di Origine Controllata E Garantita". wurde 1980 eingeführt und steht für garantiert kontrollierte Herkunft. Eine Stufe darunter regelt das Denominazione Di Origine Controllata den Ertrag, die zulässigen Rebsorten, die Weinherstellung, die Lagerung und den geographischen Ursprung. Wie auch in Frankreich wird die Qualität nur indirekt geregelt. Indicazione Geografica Tipica gilt seit 1992 als neue Klasse zwischen DOC und Vino da Tavola. Ein Grund für die Einführung dieser Bezeichnung lag wahrscheinlich daran, dass einige der teuersten und besten Weine Italiens als Tafelweine zu deklarieren waren, da diese nicht aus den Sorten bestanden, die im DOC vorgesehen waren. Die „Super Tuscans", wie der Sassicaia, Ornellaia, Tignanello oder Masetto bezeichnet werden, bestehen teilweise oder sogar zur Gänze aus den Ende der 1960er, Anfang 1970er Jahren in der Toskana verstärkt gepflanzten Bordelaiser Sorten Cabernet Sauvignon und Cabernet Franc. Diese IGT Weine dürfen von einer größeren geographischen Abgrenzung stammen als DOC-Weine, müssen aber höheren Qualitätsanforderungen standhalten als Vino da Tavola.

Vino da Tavola (Tafelwein). Die unterste Klasse für die einfachsten Weine, aber auch für Weine, die aus örtlich nicht zugelassenen Trauben erzeugt wurden.

Portugal

Es besitzt über 40 Weinanbauge-
biete, die zu fünf Weinbauzonen
zusammengefasst werden. 26 Gebiete davon haben den DOC-
Status (Denominação de Origem
Controlada), sechs Regionen erzeugen IPR-Weine (Indicação de
Proveniencia Regulamentada), acht
Regionen Landweine (Vinhos Re-
gionais), der Rest produziert Tafelwein (Vinho de Mesa).

Angaben über die Vinifikationsweise sind Verdes (schnell zu konsu-
mierende Weine), Maduro (reife Weine) und Garrafeida (lange gelagerte
Spitzenweine).

USA

In den Vereinigten Staaten wird, wie in der übrigen „Neuen Welt" auch, ein
ganz anderer Zugang zur Qualitätsklassifizierung, ja selbst weinrechtlichen
Grundlagen gewählt. Völlig frei von traditionellen Vorbelastungen wird die
Weinbezeichnung sehr liberal gewählt und oenologische Verfahren zur
Weinherstellung ebenso wie Behandlungen sehr stark kommerziellen In-
teressen unterworfen. Vielmehr Gewichtung hat dabei sehr wohl der Schutz
der Konsumenten, bei dem teilweise anzunehmen ist, er sei ohne die War-
nung der Regierung vor Alkoholkonsum auf den Weinflaschen gänzlich
dem Untergang geweiht – safety first! Nicht umsonst ist die Zuständige Be-
hörde das Bureau of Alcohol, Tabacco and Firearms (BATF)

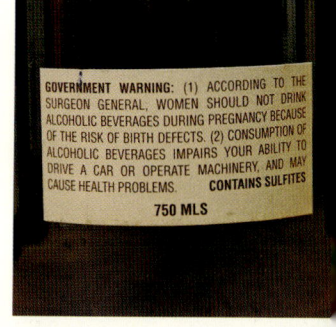

Neuseeland

Das Weinrecht lehnt sich an das australische an. Bei Rebsortenangabe
auf dem Etikett müssen zumindest 75 % dieser Sorte enthalten sein.
Ein Appellations-System gibt es aber noch nicht. Durch die unterschiedlichen Klima- und Bodenbedingungen ergibt sich sinngemäß eine
Ursprungs-Bezeichnung. Der durchschnittliche Ertrag liegt mit 90 hl/ha
sehr hoch, es gibt aber keine Ertrags-Beschränkungen. Neuseeland ist
das südlichste Weinland der Welt.

Australien

In Australien liegt immer noch kein Weingesetz vor, das dem europäischen ähnlich wäre. Aber es existiert ein Label Integrity Programm, das
den Ursprungsort der Rebsorten garantiert. Wird auf dem Etikett eine
Rebsorte angegeben, muss der Wein mindestens 85 % von der Sorte

enthalten. Wird ein Weingebiet genannt, muss der Wein zu 85 % aus diesem Gebiet kommen. Erscheint auf dem Etikett der Jahrgang, muss der Wein zu 85 % aus diesem Jahr stammen. 1993 wurde der Begriff „Geograpical Indications" eingeführt. Dieser definiert sämtliche Anbaugebiete in Australien. 1999 erfolgten die ersten offiziellen Bezeichnungen, die vier Klassen umfassen: Teilstaat, Zone, Region und Teilregion.

Südafrika

Die Bezeichnung „Wine of Origin" wurde 1973 eingeführt. WO-Weine haben entweder eine Ursprungsgarantie, eine Herkunftsgarantie, eine Rebsortengarantie oder eine Jahrgangsgarantie. Varietal Wines müssen mindestens zu 75 % aus der genannten Rebsorte stammen, die wiederum zu 75 % aus einem Jahrgang vinifiziert wurde. Das WO-Siegel wird durch das Wine&Spirits Board nach verschiedenen Prüfungen erteilt. Ein spezielles WO-Etikett garantiert die bestandene Prüfung. „Estate bottled" bestätigt die Vinifizierung und die Flaschenabfüllung durch das angegebene Weingut.

Zusammenfassung Qualitätsnormen

Österreich	Tafelwein	Landwein	Qualitätswein	Districtus Austria Controllatus (DAC)
Deutschland	Tafelwein	Landwein	Qualitätswein	–
Schweiz	Tafelwein	Landwein	Landwein mit eigener traditioneller Bezeichnung	kontrollierte Ursprungsbezeichnung (KUB/AOC)
Ungarn	Asztai Bor (Tafelwein)	Táj Bor (Landwein)	Minöségi Bor (Qualitätswein)	–
Frankreich	Vin de Table (VdT)	Vin de pays (VdP)	Vins Délimités de Qualité Supérieur (VDQS)	Appellation d'Origine Controlée (AOC)
Italien	Vino da Tavola (VdT)	Indicazione Geografica Tipica (IGT)	Denominazione di Origine Controllata (DOC)	Denominazione di Origine Controllata e Garantita (DOCG)
Spanien	Vino de Mesa (VdM)	Vino de la Tierra (VdIT)	Denominación de origen (DO)	Denominación de origen calificada (DOCa)
Portugal	Vinho de Mesa (VdM)	Vinho Regionais (VR)	Indicação de Proveniencia Regulamentada (IPR)	Denominação de Origem Controlada (DOC)

Bezugsquellenregister

www.arc-operis.at; moser@arc-operis.at; Bauunternehmen Moser; A-5622 Gold-egg, Wenig 68; Tel: +43 664 4639694; Ziegelkeller

www.caveaustar.ch; info@caveaustar.ch; Vinothek Urs Schaad; CH-4123 All-schwil, Binningerstrasse 191; Tel: +41 61 302 4242; Holzregalsysteme

www.chambrair.de; info@chambrair.de; Chambrair GmbH; D-22335 Hamburg, Obenhauptstrasse 10; Tel: +49 40 669 5500; Weinklimaschränke

www.durisol-vinothek.com; durisol@durisol.at; Durisol-Werke GesmbH; A-2481 Achau; Tel: +43 2236 7181; Natursteinsystem

www.eurocave.de; info@eurocave.de; EuroCave AG; D-76530 Baden-Baden; So-phienstrasse 20; Tel: +49 7221 39600; Weinklimaschränke

www.exaro.eu; info@exaro.eu; Exaro; 1401 RK Bussum, Nederland, L. Majoo-raan 21; Tel: +31 35 691 7932; Weinlagersysteme

www.famulus.de; info@famulus.de; Famulus Verpackungen Horst GmbH; D-63594 Hasselroth, Senefelderstr. 1; Tel: +49 6055 90770-0; Verpackungen

www.gewoelbebau.at; jahn@gewoelbebau.at; Jahr Gewölbebau GmbH; A-4264 Grünbach 21, Tel: +43 7942 73926; Weinkellerbau-Steinbau

www.gkk.net; kontakt@gkk.net; GÜNTHER Kälte-Klima GmbH; D-63741 Aschaf-fenburg; Tel: +49 6021 3494 0; Klimatechnik, Weinregalziegel

www.gottsbacher.at; A-9010 Klagenfurt, Postfach 57; Vinothekverwaltung

www.ideal.at/soft_fakt.html; info@ideal.at; Gassner GmbH, A-2351 Wiener Neu-dorf, Brown-Boveri Straße 8; Tel: +43 2236 378323; Warenwirtschaftssystem

www.ipindustrie.de; info@ipindustrie.de; Weinklimasysteme Traxel & Wiem OHG; Tel: +49 4536 890980; Weinklimaschränke, Regalsysteme

www.lasentiu.com; lasentiu@lasentiu.com; LASENTIU S.L. Pol. Ind. Puigtó; E-17412 Maçanet de la Selva-Girona, Parcelo 40; Tel: +34 972 859629; Kunst-stoffsysteme

www.mauerkunst.at; office@mauerkunst.at; Rege Art Dekor GmbH; A-5163 Mattsee, Goriweg 1; Tel: +43 664 500 53 03; Weinkeller aus Ziegel

www.moskopf.info; info@moskopf.de; Moskopf Weinregale; D-56323 Waldesch; Tel: +49 2687 927780; Weinregale

www.mueller-soppart.de; dr@mueller-soppart.de; D-40479 Düsseldorf, Kaiser-strasse 22; Tel: +49 211 498899; Weinkellereinrichtungen

www.neuschwander.de; info@neuschwander.de; Neuschwander GmbH; D-74336 Brackenheim; Tel: +49 7135 961090; Ziegelregallösungen

www.quantum-online.de; Mika-quantum@t-online.de; D-35452 Heuchelheim, Ludwig Rinnstr. 14-16; Tel: +49 6403 979788; Weinkellereinrichtung

www.robby-box.eu; info@robby-box.eu; DREHVO GmbH; D-09471 Bärenstein, Annabergerstrasse 73; Tel: +49 37347 80554; Lagersysteme

www.steco.at; office@steco.at; STECO Logistic GmbH, A-4812 Pinsdorf, Au-rachkirchen; Tel: +43 7612 787-0; Kunststofflagersysteme

www.vinefine.de; kontakt@vinefine.de; Andreas Stammhammer; D-38179 Schwülper; Tel: +49 531 354090 48; Vinothekverwaltung

www.vinojet.com; info@hypro.ch; Hypro AG; CH-6023 Rothenburg LU, Buzi-bachstr. 31; Tel: +41 41 280 8133; Weinlagersysteme

www.vinoté.com; info@vinote.com; NZ-2721 Queen Charotte Drive, Picton, Marl-

borough; Tel: +64 3 5736334; The Vinoté Store
www.vital-vinothek.at; vinothek@leitl.at; Leitl Spannton GmbH; A-4070 Eferding,
Leitl-Straße 1; Tel: +43 72722444-200; Weinlagerziegel
www.vitisvinifera.de; info@vitisvinifera.de; Dipl. Ing. (FH) Michael Rüter; D-24558
Henstedt-Ulzburg, Bahnhofstraße 89; Vinothekverwaltung
www.weinflaschenregale.de; herbertgerullis@gmx.de; K. Nigge KG; D-67752
Oberweiler-Tiefenbach; Tel: +49 6304 7572; Betonregale
www.weinkellerbau.de; Florian Ammon Co GbR; D-82166 Gräfelfing, Wesso-
brunnerstraße 1; Tel: +49 89 8541607; Kellerbau
www.wein-klima.at; office@wein-klima.at; Kälte- Klima-Technik Lackner GmbH; A-
9020 Klagenfurt, Florian-Gröger-Straße 1; Tel: +43 463590033; Klimatechnik
www.wein-plus.de; info@wine-plus.de; Wein-Plus GmbH; D-91058 Erlangen, Wet-
terkreuz 19; Tel: +49 1803 151505; Weinportal
www.weinsave.ch; info@weinsave.ch; Roland Wäfler; CH-8484 Weisslingen, Chal-
cheren 21; Vinothekverwaltung
www.weinware.de; info@WeinWare.de; WeinWare Inc. Silvio Fink; D-65439 Flörs-
heim; Tel: +49 6145 938590; Warenwirtschaftssystem
www.winecellar.at; gruber@winecellar.at; Friedrich Gruber GmbH; A-2770 Gu-
tenstein, Ferdinand Raimund Straße 171; Tel: +43 2634 7465; Kellerbau
www.wine-software.net; mailbox@edwin-buehler.net; Dipl. Ing. Edwin Bühler; D-
41849 Wassenberg; Tel: +49 2432 4122; Vinothekverwaltung
www.winetower.be; info@wintower.eu; Lecellier sprl; B-6900 Marche-en-
Famenne, 1, rue de la croix bande; Tel: +32 84 31 53 57 ; Holzregalsystem
www.winwein.de; info@digitalsoft.de; DIGITAL Soft; D-55257 Budenheim; Tel:
+49 6139 961396; Vinothekverwaltung
www.20consult.de; info@20consult.de; Prototec GmbH; D-63329 Egelsbach,
Dresdener Straße 4; Tel: +49 6103 947211; Vinothekverwaltung

Bildquellennachweise

Die Autoren bedanken sich bei folgenden Betrieben für die Erlaubnis zu
fotografieren:
Weingut Hack-Gebell, Gamlitz, Steiermark
Weingut Weniger, Horitschon, Burgenland
Weingut der Stadt Wien, Cobenzl, Wien
Rasthaus Dokl, Gleisdorf, Steiermark
Weingut Frühwirth, Klöch, Steiermark
Weingut Germuth, Glanz, Steiermark
Gesamtsteirische Vinothek St. Anna/Aigen, Steiermark
Weinkulturhaus Gols, Burgenland
Weingut Toni Hartl, Reisenberg, Niederösterreich
Weingut Holler, Spielfeld, Steiermark
Landesweingut Kellerei Laimburg, Auer, Südtirol
Weingut Kieslinger, Kogelberg, Steiermark

Vinothek Klöch, Steiermark
Weingut Kollwentz, Großhöflein, Burgenland
Weingut Lackner-Tinnacher, Gamlitz, Steiermark
Weingut Lamprecht, Klöch/Hürth, Steiermark
Restaurant Landhauskeller, Graz
Landwirtschaftskammer Graz
Weingut Neumeister, Straden, Steiermark
Weingut Pfaffl, Stetten, Niederösterreich
Weingut Pichler-Schober, Mitteregg, Steiermark
Wirtshaus Steirereck am Pogusch, Turnau, Steiermark
Weingut Polz, Spielfeld, Steiermark
Weingut Rauch, Perbersdorf/St. Peter am Ottersbach, Steiermark
Erlebniskeller Retz, Niederösterreich
Cantina Rotary, Mezzocorona, Trentin
Cafe Risto Bar Sanpietro, Graz
Landesweingut Silberberg, Kogelberg, Steiermark
Weingut Tschermonegg, Glanz, Steiermark
Weingut Umathum, Frauenkirchen, Burgenland
Weingut Wellanschitz, Neckenmarkt, Burgenland
„Braida" Giacomo Bologna, Rocchetta Tonaro, (Asti) Piemont
Schloss an der Eisenstrasse, Waidhofen/Ybbs, Oberösterreich
Weinkellerei Tramin; Südtirol
Weingut Rudolf Palz, Klöch
Weingut Regele, Berghausen

Literatur

DATZ C., KULLMANN C.: Wine & Design, teNeues Verlag, 2007
KROISS J., BAMMER A.: Biologisch natürlich bauen, Ueberreuter Verlag, 1998
SCHMITZ-GÜNTHER T.: Lebensräume, Verlag Könemann, 1998
RAU O., BRAUNE U.: Der Altbau – renovieren, restaurieren, modernisieren, Verlagsanstalt Alexander Koch, 1985
LORENZ – LADERER C.: Naturkeller – Umbau und Neubau von Räumen zur Frischlagerung von Obst und Gemüse, Verlag Ökobuch, 1993
JOHNSON H.: Der grosse Johnson, Hallwag Verlag, 1999
STEIDL R.: Kellerwirtschaft, Agrarverlag, 2001
Wikipedia, Die freie Enzyklopädie
Das deutsche Weininstitut
Bundesbehörden der Schweizerischen Eidgenossenschaft